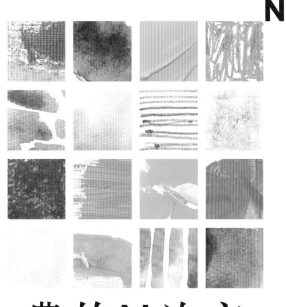

農的 **N** 次方

①

解嚴後 1987
88 年臺灣農民運動

作者｜林純美・黃仁志

發行人的話
翻開農民運動的一頁歷史

2023 年 8 月 1 日農業部掛牌的日子，我特地從豐原北上，在親眼見證農業部升格的剎那，我心中百感交集：農業部終於掛牌了！「成立農業部」正是我們農運夥伴在 1987 年 12 月 8 日五千山城、彰化、宜蘭果農，踏上臺北街頭抗議的第一個訴求！這個攸關臺灣農業發展、農民權益的訴求，我們農民夥伴們，足足等了 36 年！

回首 1987 ～ 88 年掀起波瀾壯闊的農民運動，到今年 12 月 8 日屆滿 36 週年了！在 36 週年的前夕，有關於當年農運及農村再生發展的套書「農的 N 次方——解嚴後 1987・88 年臺灣農民運動／農村再生發展的挑戰」也終於順利出版，讓我放下心中一塊巨石。

36 年間，當年來自全臺灣各地一起走上街頭的農運夥伴兄弟姊妹一個個走了。屏東的馮清春老師、新竹的黃邦政、黃興東、臺南的黃太平、雲林的林國華、林黃富美、邱鴻泳、葉炳杰、高雄的李旺輝、戴振耀、嘉義的羅逢春、林清聞、彰化的游國相、張正雄、還有社運工作室的陳秀賢、蔡建仁⋯。由於他們的故去，有關那個地區一段農運重要的歷史，也隨之沉埋。依然健在的也不少，然而，在前不久的訪視發現，一個個老衰，早已把農運的陳年往事忘記了。有關農運專書是老早就應該進行的，一直到 36 週年終於問世，雖然遲到，總比不到好。

這些年研究農民運動的歷史，總有不少晚輩問我：搜尋農運的資料，為什麼只有「5.20 事件」？為什麼農運跟「5.20」畫上等號？農運當然不是只有「5.20」，對很多農民聯盟的夥伴而言，「5.20 事件」讓風起雲湧的農民運動，畫上了休止符。然而，因為「5.20」是「2.28 事件」以來最嚴重的流血衝突事件，在執政當局有意的強力暴力血腥鎮壓下，多少農民、學生、記者、律師、民意代表、無辜民眾的血，因「5.20」而永遠留在臺灣這塊土地的歷史上，也成為極權統治者永遠無法抹去的污點。也因此「5.20」前的「12.08」、「3.16」、「4.26」、「5.16」四次密集的抗爭，長期被忽視、被誤解、被遺忘。

還原歷史真相，讓更多人知道臺灣這塊土地上，曾經有過農民運動這一頁歷史，在 1987 ～ 88 這短短的兩年多，臺灣農民選擇一次次站出來，走上街頭爭取農民生存的權利，一點一滴流汗甚至流血。他們來自農村，回歸農村，從默默無聞到默默無聞。做為農運夥伴的指定打擊手、多次農運的總指揮、甚至被賦予臺灣農民聯盟主席重任、還活著的我，責無旁貸、無負初衷。

在重新翻閱舊報章雜誌、專家學者訪談、文章、研究生的論文裡，關於1987～88年農民運動的興起、發展、串聯、分裂、沉寂，在重新爬梳故紙堆的過程中，我的記憶清晰了，疑惑明瞭了，也發現有很多的誤解，卻是再也沒有機會跟他們說清楚了。至於有關農運的意義與影響及其他，就留待來日有識之士。

在農民運動的過程中，常懷感念、不能抹滅的，是學生與農民的合作，從賤賣果農、冬季農村生活營、暑期農村巡迴工作隊、「3.16」、「4.26」、「5.20」，次次抗爭都有學生的努力與付出，賦予農民運動更多的力量。欣慰的是，他們離開學校至今，有人投身公職、有人專研學術，各個領域，各有所成。如現任的臺南市長黃偉哲、嘉義縣長翁章梁、農業部首任部長陳吉仲、客委會主委楊長鎮、還有曾經投身民意代表的王雪峯、陳文治、陳啓昱…等人，擇其所愛、愛其所擇。相信當年的農村、農運的經驗，也成為他們生命的養分，奉獻給臺灣這片美麗的土地與人民。

身為臺灣人，當知臺灣事。關於風起雲湧、捲起千堆雪的1987～88年農民運動，請你翻開這屬於臺灣農民最動人的一頁歷史……

稻草人基金會提供

稻草人基金會董事長　林 豐 喜

目錄

壹

前言：

1980年代農民運動崛起的
脈絡與影響

1980年代末期的農民運動，是解嚴之後國內首次大規模的警民衝突，也標誌著臺灣從農業社會轉向工業社會後所積累的緊張關係。農民運動的崛起，絕非只是一時的農產品價格衝擊問題，而是受到全球動盪的政經關係所影響，並反映出國家治理在維繫國際地位與穩定國內發展之間的關鍵難題。

自1970年代全球進入「後冷戰時期」開始，國際經貿關係成為各國角逐國際勢力的關鍵場域。亞太區域的動盪不安與政經關係變化，透過層層因素的傳遞與轉譯，也成為農業部門所承受的壓力。在1970年代前，臺灣作為美國圍堵共產主義的一環，獲得美國在國際政治和經濟援助上的支持，並因此推動農地改革、農業發展，和經建計畫。然而，1970年代之後，美國改對中華人民共和國遞出橄欖枝，以「中華民國」為名的臺灣，在1971年退出聯合國之後，逐漸流失官方外交的國際網絡，「以經代政」成為臺灣換取國際關係支點的新策略，不僅改變國內的土地使用與產業經濟政策，也同時牽動國內的農業與農村發展機會。

1981年雷根（Ronald Wilson Reagan）就任美國總統後，在對外貿易上採取進攻型的貿易政策，要求貿易對手國應開放市場、增加來自美國的產品進口量。與此對應，臺灣自1980年至1986年間，一直是美國農產品出口的前5至7名，反映臺灣作為吸納美國農產品出口的角色。因此，當1987年臺灣與美國在美國的《臺灣關係法》架構下進行經貿談判時，美國更進一步以平衡貿易逆差為由，要求臺灣開放更多的農產品市場，以此換取工業技術提升與產品出口的機會。

另一方面，國內的產業經濟政策，持續推動大規模基礎建設和工業轉型，政治上則開始尋求建構政權「臺灣化」，以緩解國際關係變局對統治者造成的「治理正當性」壓力。政治經濟走向「本土化」的策略，既需要重新佈署資源安排，也撬動不甘於威權體制的多元社會階級和政治族群。

資源佈署反映在自1972年開始推動的十大經濟建設，包括強化國土的交通連結（中山高速公路、鐵路電氣化、北迴鐵路）、對外運輸能力（中正國際機場、臺中港、蘇澳港）、提升重型工業（造船、鋼鐵、石化）帶動產業的能量，以及確保能源供應（核能發電廠）。這些經濟建設不只改變國內的產業結構，同時也重塑空間發展的地理區位，以及勞動力就業的轉向。開發基礎建設對於區域內農地的徵用和變更使用，以及接續的工業區和都市計畫開發、山坡地開發等，既改變地方的產業經濟結構和家戶主要收入來源，也讓農業的資本調度和經濟重要性受到擠壓。農業發展的角色不再是出口賺取外匯，而是維持國內糧食供給和農民穩定的在地型經濟活動，但也因此成為國家尋求發展時的「可交換籌碼」。

政治層面的社會再動員，同時表現在政權的治理策略與民間的自主行動。退出聯合國後的國際身分危機，引發國內社會大眾對國家安危的焦慮，並逐漸醞釀為政治改革的動力。讓「自由地區」民眾能夠參與民主化改革，因而成為維繫統治正當性的重要策略。1987年公佈施行的《動員戡亂時期國家安全法》（1992年廢止施

山城農權會發起的 12.08 農運（邱萬興攝）

行），再加上宣佈解除「臺灣省戒嚴令」，使臺灣的政治體制邁入新的階段。解嚴除了解除黨禁、報禁、開放兩岸社會交流之外，更重要的是，人民終於擁有更多的發聲與抵抗權利，讓過去長期在威權統治體制下飽受壓抑的社會矛盾，能夠浮上檯面獲得討論與解決機會。此外，建構政權「臺灣化」的過程，也經由民主化的機制，讓黨外勢力得以在地方派系與中央黨國體制的矛盾中，有了參政與奪取政權的可能機會。1986年黨外運動政黨化（民進黨成立）和1987年的政治解嚴，具有「本土化」、「臺灣化」象徵意涵的社群對象（例如本省籍農工階級民眾），也成為政治人物爭取支持的關鍵選民。

1980年代末，解嚴後初期所發生的一系列農民運動，除了反映農民對於國際農產品傾銷的抵抗、對農業政策改革的期盼，同時也「摻雜」著本土政治運動尋求與社會運動結合，藉此擴大政治動員的網絡，進而積累政權革命的行動能量。回首當時，1987年解嚴後不久，隨即面對美國為平衡與臺灣的貿易逆差而要求臺灣開放美國水果進口的壓力。首當其衝的中部果農，因而組成「山城區農民權益促進委員會」，號召三千餘名農民在1987年12月8日至立法院，抗議進口水果造成的國內水果價格崩跌。此後更延續出數次的農民運動，一直到現今眾所周知的1988年「5.20農民運動」。然而，任何一場宏大的街頭運動，都是一系列社會能量的積累。尤其是作為解嚴後首次的民間反抗運動，除了有各地的農民參與其中之外，更有新興的政治勢力、工運與社運人士，以及前來聲援的學生，各自對農民運動所投射的想像和賦予的

期待。因此，要解析當時的農民運動，不能只看到最終所集結的衝撞，更應該重新檢視整個農民運動過程所串連與累積的能量，以及各方人馬在其中的努力和意見糾葛之處。

蕭新煌[1]曾評論1980年代末期的農民運動，無法自外於當時「體制外求變」的社會力量。能夠促成各種有鬆動國家機器宰制力量的議題，都成為民間反抗力量的集結之處。然而，缺乏組織經驗而導致的內部分化，也反映出農民之間的異質性，例如經濟作物和糧食作物的農民，對於國際農產品進口造成市場價格波動的敏感度有所差異；或是專業農與兼業農間，對於行動訴求應減少外來競爭或是改善內在生產環境的認知亦有所不同。然而，這種因長期受到國家威權抑制而導致的抗爭，其核心訴求也必然集中在「向上抗爭」，並以此論斷成敗，相對低估農村社會內部改造的重要性。儘管在過程中也有部分農民組織主張向下扎根的重要性，但最後並沒有太長的延續效果。

陳瑞樺[2]認為5.20農運讓農業與農地「自由化」的訴求，與解嚴後的政治「自由化」相互接軌，但也因此浮現其中的矛盾。特別是經濟層次的自由化，一方面抵抗國外農產品進口的自由，另一方面則訴求農民對農地資產的自由支配。經濟活動邏輯的「自由」矛盾，正反映著農業角色的不確定性，究竟應該是發展為具有比拚國際農產品的農業，抑或是可以隨著農地釋出而逐漸式微的自足型農業，兩者顯然有著不同的農業政策需求。

徐文路[3]針對農運的口述歷史調查指出，農

運過程中的許多運動組織者，都是有社會運動或政治工作的經驗，因而可以快速進行文宣和組織動員工作，但也讓農民運動混雜著許多地方派系的糾葛和政治判斷所影響。此外，農運之後參與者受到調查起訴的經歷，反映出抵抗不公不義之事的行動，從未保證參與者能夠受到公平對待。特別是在解嚴後初期，許多威權統治的手段仍在，諸多參與者因此受到不對等的逮捕與審判，有待轉型正義的平反。

5.20農民運動，究竟是激發了更長遠的農業政策改革，抑或是暴露原本就相當脆弱的農民串連能力與動員能量，仍難以就此論斷。尤其在5.20之後，許多農民組織逐漸因為政治策略的路線之爭而分裂，更有不少參與其中的社運勢力和政黨工作者，經此獲取參與政治選舉的聲量，讓原本該以農民為主體的農運，逐漸分裂而消散。此後的農運歷經多年的沉寂，一直到政黨輪替之後，因為農漁會信用部的金融改革問題，才又發生2002年的「1123與農共生——全國農漁民團結自救大遊行」，以及2009年因為《農村再生條例》立法修法運動，和2010年的反農地徵收運動。另一方面，農民運動的訴求，也在民主政治競爭的政黨輪替過程中，陸續有了結果。如何回顧與審視從1980年代末開啟的農民運動和其影響，需要有更多被埋藏的資料來啟發新的解讀。

社會抵抗運動，向來是衝撞與改革不當政策的重要力量。農民運動也是如此。為了對抗國際政經壓力層層轉譯而成的國際農產品進口衝擊，陸續集結串連的各地農民組織，讓解嚴後的政治社會見識到地方民眾壓抑已久的不滿情緒。開放農產品進口所影響的不只是農民的生計，更凸顯農業部門逐漸流失的發展主體性。因此，農民運動的組織與行動過程，同時也是農業部門工作者的主體再建構過程。但另一方面，參與農民運動的多元社會成員組成，也註定著農運不只是農運。尤其在歷次的政黨輪替與執政中，農業議題常是掀起政治波瀾的重要引爆點，更加凸顯農業部門對臺灣政治社會的關鍵影響力。值此農業部成立之際，重新檢視1980年代解嚴後的農運歷程，應當可以為社會帶來新的啟發與反思。

參考文獻：

1 蕭新煌（1990）一九八〇年代末期臺灣的農民運動：事實與解釋。中央研究院民族學研究所集刊，第 70 期，頁 67-94。

2 陳瑞樺（2016）以農之名：臺灣戰後農運的歷史考察。文化研究，第 22 期，頁 75-122。

3 徐文路（2018）「1987-1988 臺灣農民運動口述歷史計畫」結案報告。文化部國家人權博物館籌備處委辦計畫。

12.08農運：

果賤傷農，農亡國亡

一、12.08行動

梨山農民權益促進會
（劉振祥攝）

1987年12月8日一大清早，從立法院往中正紀念堂望去，由「山城農權會」號召的農民，高舉著「錯估農業、低估農民、高估特權」的標語，長長的人龍，安靜而整齊的走著。隨著腳步聲漸近，「臺灣不是美國的殖民地」「果賤傷農 農亡國亡」的布條，赫然出現在眼前。農民紛紛在立法院的前面席地而坐。一張張黝黑的臉孔，惶恐中透著哀愁。一直到上午近11點，立法院前已聚集了近4,000名分別來自臺中、梨山、彰化、苗栗、宜蘭的果農，不滿政府為了平衡貿易逆差，開放外國農產品進口，嚴重打擊國內水果，果賤傷農，血本無歸，農民活不下去。為此大規模聚集到立法院，打破40年的沉寂，第一次走上街頭抗議，為1987～1988年風起雲湧的農民運動揭開了序幕。被認為最保守、認命憨厚的農民，為了生存發出怒吼，使各界正視農民的困境，開始檢討農業政策。也讓各地區的農民權利意識抬頭。

這一天，臺灣距離解除長達38年56天的戒嚴統治，還未滿5個月。

不要逼我上梁山

當天最先到達立法院的，是由梨山農權會主任委員傅文達及王忠信牧師帶領的「梨山農民權益促進會」及「原住民權利促進會」四百餘位農民，成員包括在地的泰雅原住民及因開墾橫貫公路後，留在梨山務農的退伍老兵，還有移居當地務農的平地人。他們前一天晚上8點，分別搭乘12輛遊覽車，浩浩蕩蕩從一片漆黑的梨山出發，清晨3點抵達中正紀念堂。稍事休息，5點半左右，就高舉布條走到立法院了，開始在門口懸掛白布條「停止外國農產品進口」「我要梨山，不愛離山，不要逼我上梁山」「行政院砍樹，原住民砍頭」「八萬奴役大軍」，一句比一句沉痛。

農民打破 40 年的沉寂，第一次走上街頭抗議（邱萬興攝）

7點開始，現場漸有群眾圍觀，警備、情治人員、記者也到了。

8點半，宜蘭地區的農民，其中有不少是在梨山種蘋果的果農，也抵達立法院會合。他們共同請願的目的是：

1）請政府儘速修改農產品進口政策。

2）建議政府加強德基水庫集水區水土保持、撤回78年砍伐果樹收回土地計劃。

3）建議政府減免國有林班地20%的果樹代金徵收辦法，並比照山地保留地徵收。

早到的梨山果農，在現場拿起麥克風，訴說梨山果農現在不只是種出來的蘋果、梨子賣不出去，還要面對果樹被砍的命運。林務局爲了德基水庫的污染防治及水土保持，72年曾大量砍伐果樹，預計78年將再進行第二波砍樹行動。一位原住民指責三位原住民立委林天生、楊仁福與翁文德，未盡職責，沒有替原住民講話。也有人要求經建會主委、農委會主委出面。

10點，在原住民立委蔡中涵協調下，派出10名代表，進入立法院請願。留在廣場上的農民，繼續上臺陳述一箱蘋果運到臺北只能賣一、兩百塊，光紙箱成本45元、運費也要45元，加上肥料、工錢、雜費，成本要400元。採收不敷成本，只好望著纍纍的果實，任其腐爛、掉落的慘況。另一位農民，拿出水果行的報價單，清清楚楚的寫著：水梨260箱13,000元，一箱慘到只賣50元。一位退伍老兵說，他原來在梨山種五甲多地的蘋果、梨子，四年前被砍掉1,200多棵，現在只剩兩百多棵了。

山城農權會

11點過後，傳來一陣敲鑼打鼓聲，由遠而近。策劃今天的抗議行動，來自臺中縣山城農權會，以蘋果、水梨、葡萄、柑橘等高附加價值經濟作物爲主要生產的東勢、新社、石岡農民，在會長胡壽鐘、常務委員東勢鎮民代表劉南燍、法律顧問王昌敏，在梨山種水梨的徐華麒、種葡萄的邱華集……號召下，五十餘輛遊覽車坐得滿滿滿。前導的是8噸8的總指揮車，由也是山城農權會的委員，人稱火車的余火城開車，站在車上的是今天的總指揮林豐喜，還有三、四位年輕農民熱鬧進場。

來自彰化大村的葡萄農（黃子明攝）

彰化農民將抗議標語寫在厚紙板上，讓農民的心聲清楚的被看到（黃子明攝）

12.08 農民走上街頭說出自己的心聲
（黃子明攝）

隨後，來自客家山城苗栗縣卓蘭的14輛遊覽車到了。領隊是人稱「許不了」，留著兩撇鬍子，熱心於黨外運動的民進黨員許清復。他是卓蘭農運的第一推手，出身彰化埔心的福佬人，卻號召種柑橘、水梨，幾乎全是客家人、政治上對立，無論黃派、劉派的農民蔡松秀、詹玉淮、詹顯欽還有詹志達、詹益偉兄弟、卓蘭青果合作社代表詹永光等，通通加入抗議的行列。苗栗縣議員陳文輝也出現了。

11點多，來自彰化大村、溪湖、埔心、員林的農民，搭乘12輛遊覽車到達現場。由賴臨任擔任總領隊，黃烈、許永茂、吳令識擔任副領隊，黃石城縣長夫人兼國大代表陳照娥、行動發起人吳朝花，也隨行在500多位葡萄農的隊伍中。大村鄉農會特地派推廣股長賴國安、主辦員張錦滄隨車服務農民。連警察局大村分駐所、國民黨民眾服務站也派人參加。頭上都帶著相同的運動帽的彰化農民，特地製作了500張厚紙板，分別寫著抗議標語，綁上繩子打算掛在身上遊行，要讓農民的心聲，清楚的被看到。

一輛接著一輛的遊覽車，源源不斷到達現場，非常壯觀，圍觀的臺北民眾，睜大了眼睛，開口直嘆前所未見。每當隊伍到達時，現場隨即響起熱烈的掌聲。眼看抗議的農民，越聚越多，保持高度戒備的警方，立刻將中山南路慢車道封閉，也迅即再調撥大批警力，立法院前氣氛頓時非常緊張。

農民活不下去了！

隨著8噸大卡車組裝成的宣傳車傳出「農村曲」的歌聲中，指揮車上，有人帶領農民高呼口號「反對外國農產品進口」「果賤傷農，農民活不下去了！」「千不該、萬不該，進口水果來相害！」「臺灣農業死了！」果農聲聲怒吼，情緒高昂。民進黨籍立法委員康寧祥、許國泰、許榮淑、張俊雄、王聰松、尤清等分別上臺演講，指責政府對農民未予妥善照顧，進口外國農產品，造成果賤傷農，農民無以維生，呼籲農民要挺身而出，為自身權益打拚。來自宜蘭的民進黨籍立委黃煌雄表示，長期以來，他最大的心願是行政院能成立農業部及勞工部；此外，非常重要的農民健康保險，他希望政府能確實執行。

各地區的農民到齊後，派出代表隨即進入立法院第十會議室，與立委、農委會、經建會官員會談。

大多數的果農，或立或坐聽演講、有的打開飯盒，邊吃邊

聽。也有果農上臺訴說意見。一位卓蘭的老農民，即興唱起傳統的客家山歌，為會場帶來些許輕鬆的氣氛。一位老農上臺，即席高唱「透早就出門，天色漸漸光，受苦無人問，行到田中央……。」臺下跟著合唱的農民，眼眶都紅了。

一位東勢農民，默默拿著一疊「農民權益促進會成立宣言」的傳單，不斷向路人及停下來的車輛散發，在寒風中站立到傍晚，令人感動。

此時，先前久候協商難耐的農民，為了想進立法院上廁所方便，卻不得其門而入，怨聲不絕，情緒激動。一度試圖衝破鎮暴警察的封鎖線，立時現場哨音大作，待命員警火速衝出，場面極為火爆，農民幾經衝撞，無功而返。最後，警方不得不開放，剎時憲兵警察前，排成了一大串急欲方便的長龍。

農民立委蔡友土此時前來欲向農民解說，農民一見蔡友土，立刻拿出「農民立委死了」布條回應。蔡友土見狀，只好尷尬地悄悄退回立法院內。

下午1點半，尤清服務處的宣傳車開到現場，播放「團結救臺灣」，帶領農民高唱「團結救農民」，並高呼「反對進口水果」「農民要生存」，為農民加油打氣。尤清特別表示，今天立法院正在審查集會遊行法，如果國民黨硬行通過，堅持國會不准集會遊行，今天這場抗議事件就會成為歷史，希望大家要好好把握。他還提醒現場的新聞記者，要多拍一些照片，以後恐怕就沒機會了！

13點主張

立法院內經濟委員會的會談，由立委吳海源擔任主席，立委許榮淑、黃煌雄、邱連輝、許張愛廉等出席發言。經建會副主委葉萬安、農委會副主委邱茂英列席備詢。

對於主席要求每位代表發言五分鐘，農民紛表不滿，果農代表除了遞交請願書並紛紛發言，個個慷慨激昂，都對開放農產品進口表示不滿，對現行農業政策提出質疑。代表們沉痛指出，此次到臺北，不是自強活動，而是為了求生存，目前果農的慘況，已不只是價格低廉，而是沒人要，無人採收水果任其腐爛的地步。有位代表說，一億美元的進口水果，對平衡近兩百億美元的貿易順差，起不了任何作用，卻足以讓臺灣果農無法生存下去。

梨山農民代表表示，請政府給他們一條生路，不要砍他們

農民權益
促進會宣言

<編者按：本文係76.12.08.全國第一次農民請願所發表>

四十年來政府以「農業扶植工業」的政策，創造了所謂的「經濟奇蹟」，但是，農村的生活環境不但沒有獲得應有的回饋，反而逐漸的凋蔽，農民的權益不但沒有受到妥善的保障，反而為了繼續支撐「經濟繁榮」假象，在政府的輕農政治下，成為永遠的代罪羔羊。

多年來，農民默默的承受苦痛，辛勤地耕耘這塊相依為命的土地，今年，政府為了彌補錯誤的外匯政策，為了平衡因工業大量輸出造成的中美貿易問題，竟大量開放進口農產品，使土地農產品的市場價格跌落谷底，農民不能享受豐收的成果，卻為了血汗的付諸東流而欲哭無淚。台灣的農民再度被無情的犧牲，台灣的農村即將破產，面臨萬劫不復的境地。

農民不能再沉默了，農民多年來的默默耕耘，反而被認為是「滿足現狀」，而一再被冷落、被忽視、被欺騙、被犧牲。由於政府機構間的不協調，政府的搖擺不定，外交談判所造成的惡果，不應再由農民承擔，政府應盡最大的責任照顧農民生活，保障農民權益。

為了挽救凋蔽的農村，我們決定成立「農民權益促進會」，將所有願意為台灣農村奉獻心力的朋友們結合起來，凝聚成一股力量，共同打拼，為爭取農

民權益而努力奮鬥。為了徹底改善農村生計、解決農民疾苦，我們提出以下的主張：

一、建立健全的產銷制度，全面實施農產品保證價格，以確保農民的勞動生產所得，杜絕中間剝削。

二、開放農產品自由進出口，建立精確國際市場情報資料，為農民開拓國際市場，以增進農民收益，改善生活品質。

三、限制進口農產品的數量及項目，尤其是有貸款方案的農產品及本地已生產的農產品，應一律禁止進口，並建立平準基金補助受害農民，以免市場價格減少使農民血本無歸，陷入絕境。

四、將農委會升格為農業部，統籌一切農政，與農民充分溝通意見，以訂定保障農業權益的政策，並避免政策的搖擺、不協調，使農民無所適從。

五、全面實施農民保險，擴大保險項目及範圍，以降低天災的影響，並提升農村醫療水準，保障農民健康。

六、解除農地使用限制，使土地能獲得充分利用，以改善農民生活。

七、健全農會組織，廢除總幹事遴選制度，辦理農村建設長期低利貸款，以充分服務農民，爭取農民福利。

八、杜絕一切污染，維持水源，土地品質，以保護農村生產環境及農民健康。

九、整頓水利會組織，取消不合理水租，加強農地灌溉，排水設施，以保障農民獲得充分灌溉水源。

十、改進並推廣農業科技，妥善輔導農民使用農藥、肥料，降低農業用品價格，以減少農業生產成本，提高農地單位產量，擴大農場經營規定。

十一、加強農村教育，確實提供農業情報，以提升農民知識水準，增強應變能力，使耿直的農民不易受騙，以免蒙受無謂損失。

十二、正視農村青年外流及農村人口老化問題，積極培養農產建設人才，尊重本土文化，提供正當休閒娛樂，以確保農村生存命脈，充實農民精神生活。

十三、徹底檢疫進口農產品，加強檢查農藥殘毒含量測定，以免新型病蟲害輸入侵襲田園。

農民權益促進會宣言

成立農業部，是 12.08 的重要訴求（邱萬興攝）

的樹，農民原就是低收入者，風險又大，大多因虧損身負重債，政府要砍樹，等於斷了他們的生路，使守法的人，也變成不守法。他們認為，照顧貿易，不一定非犧牲農業不可。進口農產品，當然會排擠國內的農產品。

宜蘭的農民代表則表示，梨山今年生產減少一半，農委會竟說梨山農產品因生產過剩，造成農產品跌價。他們要求肥料進出口，價格應該公平。呼籲農民困境已迫在眉睫，政府應該出面挽救。

山城農權會代表則綜合各地農民的訴求，提出 13 點主張：

01）農委會升格為農業部，統籌一切農政。

02）建立健全的產銷制度，全面實施農產品保證價格，以確保農民的勞動生產所得，杜絕中間剝削。

03）開放農產品自由出口，建立精確國際市場情報資料，為農民開拓國際市場，以增進農民收益，改善生活品質。

04）限制進口農產品的數量及數目，尤其是有貸款方案的農產品及本地已生產的農產品，應一律禁止進口，並建立平準基金補助受害農民，以免市場價格減少致使農民血本無歸，陷入絕境。

05）全面實施農民保險，擴大保險項目及範圍，以降低天災的影響，並提升農村醫療水準，保障農民健康。

06）健全農會組織，廢除總幹事遴選制度，辦理農村建設長期低利率貸款，以充分服務農民，爭取農民福利。

07）杜絕一切污染，維持水源及土地品質，以保護農村生產環境及農民健康。

08）整頓水利會組織，取消不合理水租，加強農地灌溉、排水設施，以保障農民獲得充分灌溉水源。

09）改進並推廣農業科技，妥善輔導農民使用農藥、肥料，降低農業用品價格，以減少農業生產成本，提高農地單位產量，擴大農場經營規模。

10）加強農村教育，確實提供農業情報，以提升農民知識水準，增強應變能力。

11）正視農村青年外流及農村人口老化問題，積極培養農產建設人才，尊重本土文化，提供正當休閒娛樂，以確保農村生存命脈，充實農民精神生活。

12）進口農產品應徹底檢疫，加強檢查農藥殘毒含量測定，以免新型病蟲害輸入侵襲田園。

13）解除農地使用限制，使土地能獲得充分利用，以改善農民生活。

協調會將結束時，主席表示，將在下星期四或五召開全體委員會議，專案審查果農請願案。山城農權會代表，也是當天抗議活動的總指揮林豐喜，見協調毫無結論，強硬的表示：這些大官是有什麼大事那麼忙，非叫我們下個星期再來？趙耀東、王友釗主委明明有接到通知，今天卻故意缺席，各派出副主委應付果農，實在沒有誠意！林豐喜要求提早召開，否則會來一場更大的抗議行動。果農代表們七嘴八舌紛紛表示不滿。六神無主的主席，不知如何是好，會議不歡而散。

林豐喜跑到立法院外的宣傳車上，向大家宣佈：協調結果並未有任何決議，大家都非常不滿意，如果在下週三前，不召開審查會，我們就在12月25日行憲紀念日那一天，聯絡全臺農民到國民大會再去抗議。

下午4點多時，因為路途遙遠，梨山農權會見協調無果，先行整隊離開。

5點半，天色漸暗，大清早出門、遠道而來、累了一整天的農民，難掩失望的神色，再度集結成隊，在總指揮車的前導下，有秩序的沿著青島東路、紹興南路走向中正紀念堂，搭遊覽車離去，結束這難忘的臺北行。

沒有抗議的理由，農民怎麼會站出來！

臺灣進口水果大宗來自美國。1987年美國新鮮水果的進口占有率，高達約七成。1985年進口51,371公噸，1987年進口101,650公噸，三年間幾乎成長了一倍。光是蘋果一項，1987年進口43,832公噸，為國內蘋果總產量15,000公噸的2.9倍。

「農民立委死了」（邱萬興攝）

演講者為立法委員康寧祥，表示支持農民（黃子明攝）

二、12.14 立院審查會

12月14日，六十餘位來自臺中、苗栗、彰化及宜蘭等四縣市果農代表，再度踏進立法院，參加經濟委員會召開的果農請願案審查會。

立院經濟委員會，邀請經濟部次長李模、財政部次長薛家橡、經建會副主委葉萬安、國貿局長蕭萬長、農委會主委王友釗等人列席。

會議首先由臺中山城、梨山及彰化大村三個農權會11名代表陳述意見，並歸納12點意見如下：

1）成立農業部，統籌全國農業事務。
2）對外國水果限時、限量、限地、限類進口等彈性措施。
3）建立健全的產銷制度，減少中間剝削。
4）開放農產品自由出口，並設交易市場，避免青果合作社壟斷。
5）為穩定農產價格，應指定重要農產品設平準基金。
6）徹底檢疫進口水果，檢疫單位應由經濟部移交農政單位辦理。
7）設立農業氣象臺，使農民耕種有所依循。
8）於78會計年度全面實施農民保險，並解除一人一戶限制。
9）放寬農地限建限用規定，提高農舍建築使用面積。
10）降低肥料、農藥價格，減輕農民生產成本。
11）農民政策、法規之制定，應邀請農民代表參加聽證。
12）加強農村教育，正視農村青年外流及農村人口老化問題。

12點左右，農民代表剛陳述完畢，原定一天的議程，主席許張愛簾卻臨時宣佈會議結束，下週一再討論。遠道而來的農民代表一陣錯愕，群情激憤，紛紛怒罵。山城農權會代表林豐喜指責，農民團體選出的立委，未盡為民喉舌職責，應該罷免，引起其他果農的共鳴，高喊「大家都別走，靜坐抗議！」「說好開一天會的，我們這麼遠趕來，沒聽到任何官員答覆，回去如何向鄉親交代。」對經濟委員會臨時取消下午議程的做法，深表不滿。會場一片混亂。

農民高舉「臺灣不是美國的殖民地」（黃子明攝）

　　此時部分立委與列席官員已離去。林源朗委員勸慰農民，答應盡量協調下午繼續開會。許榮淑、林時機、沈世雄等委員亦趕來關切。近1點，經委會劉松藩委員回到會場，表示破例允許11名發言代表旁聽，但農民堅持全數參加。劉松藩、許張愛簾擔心此例一開，未來造成困擾。經農民同意不發言干擾議程後，所有農民才獲准留下旁聽下午的官員詢答。

　　詢答會在下午3點開始。由王友釗、李模、蕭萬長等官員輪流上臺發言。由於官員答話冗長無味，官腔十足，讓臺下代表們昏昏欲睡，連委員都閉目養神，完全不知所云。會議在6點多結束。對於主管機關的官樣文章拖延戰術，深表不滿的果農，在下一步該如何行動的討論中，踏著沉重的步伐，至7點才離開立法院踏上歸途。

三、山城農權會記事

劉南熾在代表會提案「限制
農產品進口」（劉南熾提供）

1987年10月，成立甫一年的民主進步黨，正在全臺灣如火如荼的展開「國會全面改選說明會」，而在中臺灣海拔一千七百公尺的梨山，自8月中旬即盛產的梨子、蘋果，採收即將進入尾聲。

民進黨一百多場的說明會上，演講者個個慷慨陳辭，說著政治的諸多不公不義，聲淚俱下。在梨山郵局前，一群剛領到北部行口寄來貨款匯票的農民，個個面色沉重。一位老榮民甫拆開信，沒走兩步，突然嚎啕大哭，混濁的鄉音說著：「一萬斤的蘋果，賣不到十萬塊，農藥行等著要收錢……。」梨山天府農場理事主席，也在現場的胡壽鐘心想，「從來沒有看過這麼老的人哭成這樣。」

中國市政專科學校畢業的胡壽鐘，因父親在梨山留下二甲多地，自1978年即跑到梨山種起蘋果、梨子，當個專業農民，一轉眼九年多，

又多承租了四甲地，擔任梨山天府農場的理事主席。看看老榮民，想想自己一大片待採收卻不夠工錢的蘋果，不禁一陣心酸。接連幾天，胡壽鐘輾轉反側，無法成眠。

同時間，在山下的東勢鎮，東勢鎮民代表劉南熾也正為了自家水果，價格已經破底，依然賣不出去而發愁。前不久向代表會提案「限制農產品進口」「降低肥料價格」，一點迴響也沒有。劉南熾想，當初「是為了想改革才參選」，只能抗議了。他第一個想要找的人，就是胡壽鐘。單身、有房子，自己一個人住，大夥兒常在那邊聚會。他拿起電話約了胡壽鐘。結論是「不抗議不行了」。劉南熾說，成立一個會，你來當會長，我職務太多忙不過來，不照顧水果，家裡會罵。兩個人一拍即合。

10月20日，「國會全面改選說明會」要在東勢國小舉辦，胡壽鐘特地提前下山回東勢的家，

胡壽鐘寫下了第一張傳單（1987.10.20）
（胡譽鐘提供）

「東勢區果農自力救濟委員會籌備處」招收
會員傳單（1987.10.26）（胡譽鐘提供）

跑了一趟果菜市場，水果堆積如山，一箱六、七十斤的水果，大盤商叫價不到一百元，「這樣下去怎麼辦？」一臉無奈的農民，個個叫苦連天，卻一籌莫展。

胡壽鐘知道，東勢的「果賤傷農」不是個案，今年特別嚴重。近年來，進口的蘋果、梨子愈來愈多，政府一再開放，連臺灣省青果合作社都在替進口的水果大打廣告！「就來去抗議吧！」個性叛逆的胡壽鐘，曾經是東勢登山會的會長，社團的經驗，讓他知道辦活動得先從宣傳開始。拿起筆，胡壽鐘寫下了第一張傳單。

「果農們，請仔細算算看，您今年的水果價格是多少？獲得多少利益？臺灣四十年來『農業扶植工業』的政策，創造了城市大量財富，卻導致農村凋敝、貧困化的惡果，為了平衡中美間的貿易，臺灣成了美國最大農產品市場，臺灣的農民竟成為貿易平衡的代罪羔羊。

覺醒吧！果農們！團結就是力量，請大家告訴大家，手牽手、心連心，一起來參加東勢區果農自力救濟委員會，一個確實為您爭權益的團體。」

「為了生存下去，勇敢的站出來。」這是一張紙張粗糙打字印刷的粉紅色傳單，大小只有A4影印紙的一半，卻是日後引爆全臺灣農民怒火的引信。下款寫著「東勢區果農自力救濟委員會籌備處 召集人胡壽鐘敬邀」，上面還印著「東勢鎮南平里本街南片巷十三之八號，電話 (045) 870535」，是胡壽鐘的家，正是日後風起雲湧農民運動的發源地。胡壽鐘印了三百張。

果農們，覺醒吧！

10月20日晚上，「國會全面改選說明會」在東勢國小登場，民風保守而淳樸的客家小鎮，有二、三百人參加，有的還藏身在大樹的陰影下，胡壽鐘一個一個的發著傳單，引起主辦單位立法委員許榮淑臺中縣服務處（這是日後民進黨臺中縣黨部的前身）總幹事林豐喜的重視。

在那個戒嚴、還有警備總部隨時抓人的年代，所有的「黨外人士」都是「校長兼撞鐘」，辦演講會從宣傳、佈置會場、茶水、接待到上臺，連散會打掃，林豐喜幾乎都一切自己來。胡壽鐘被邀請上臺演講。有別於其他人大聲疾呼「國會全面改選」，胡壽鐘卻大力抨擊政府開放外國農產品進

口，對農民的打擊與傷害，一聲聲「你今年的水果價格是多少？一年辛苦流汗賺了多少錢？爲了生存下去，果農們，覺醒吧！勇敢站出來！」透過現場的破麥克風，在空曠的東勢國小操場迴響著。

那晚過後，胡壽鐘的電話就接不完，農民的反應，非常的熱烈。找來臺大法律系畢業，卻當不成律師而返鄉開店的王昌敏幫忙。演講會後兩天，胡壽鐘又接到林豐喜的電話，關切傳單的效果及農民的反應和入會的狀況。

胡壽鐘與林豐喜認識快五年了。兩人都是登山狂熱份子，分別擔任東勢及潭子登山會會長，林豐喜開了一家小型鐵工廠，身兼立委許榮淑的總幹事，是非常活躍的「黨外人士」，也是東勢大茅埔出生的農家子弟，嫉惡如仇的胡、林兩人，曾聯手幹過一件轟動地方政壇的大事，導致臺中縣救國團總幹事下臺。

說起話來「三鋤頭、兩畚箕」火爆浪子的林豐喜，叛逆不認輸、錯也要錯到底的胡壽鐘，加上做事慢條斯理、溫吞水的王昌敏，三個剛好都是客家籍的民進黨員，果然「賽過諸葛亮」，促成「山城農民權益促進會」的成立，更引領了農民運動的風騷。

金黃斗笠與三支綠箭

1987年10月26日，劉南熾、胡壽鐘、王昌敏、黃延煥等人，加上特地從潭子、豐原來的林豐喜、羅隆錚、林清煌等十來個人，「東勢區果農自力救濟委員會籌備處」就在胡壽鐘的家開張了。召集人胡壽鐘、連絡人王昌敏，開始招收會員，並決定11月5日正式成立。

「山城農民權益促進會」成立大會，當天原本訂在中山國小，因爲臺中縣長陳庚金施壓，被迫改在仙師廟的中寧里活動中心，三百多位農民，將會場擠得滿滿的，當場入會的就有二百七十人，會名是林豐喜提議改的，選出三十位代表，並推選胡壽鐘爲主任委員，常務委員劉南熾、許清復（苗栗卓蘭），總幹事鄭有祿，林豐喜、王昌敏當顧問。主持會議的林豐喜決定打鐵趁熱，當場宣佈12月8日到臺北立法院抗議。

通過了章程及會旗，首次亮相的會旗是林豐喜拿來的，他拜託美術工作者袁國浩設計，一個金黃色的斗笠，下面

農民的血淚有誰知？
抗議放寬外國水菓進口

農友們！爲了生存，爲了爭權益，不分任何黨派，團結就是力量，勞工已覺醒，老兵也醒了，農民還在睡覺嗎？
敬請大家一起來參加

12月8日立法院請願活動

※我們希望：各種農產品保證價格、農產品自由出口、限制時間限制數量進口水菓。
※即日起至11月30日受理報名，費用每人300元，額滿提前截止。
※12月8日上午7.時在上車處集合，報名時請告知上車地點。
※報名請向①本會各村里工作人員處，②會務中心（原東勢戲院舊止）。
※詳情請洽會務中心。
※抗議！×縣長競選時，句句出身農村，口口聲聲爲 農民服務，如今忘了出身何處？阻止本會爭取農民權益的活動，阻撓本會的成立。

山城區農民權益促進會主辦

會務中心：東勢鎭南平里本街南片巷 13-8 號
電話：(045)870535

※歡迎您加入爲會員，共同爲爭取農民權益而努力※

摘要	75 年 重量公斤	76 年 重量公斤	75 年 金額 元	76 年 金額 元	75 年 一台斤價格	76 年
蔬 菜	35,806,000	46,058,000	469,680,000	658,500,000	7.8	8.5
柑 橘	9,254,000	22,142,000	103,500,000	240,810,000	6.6	6.4
葡 萄	2,924,000	4,219,000	47,130,000	77,700,000	9.6	11
梨	1,088,000	404,000	32,160,000	11,310,000	17.4	16.7
其他水菓	7,271,000	7,526,000	162,150,000	214,920,000	13.3	17.1
合 計	56,343,000	80,349,000	814,620,000	1,203,240,000	8.6	8.9

75—76 年 1 月～ 8 月水菓進口量及金額表（美金以 1:30 計算）

12.08 抗議活動的宣傳單（胡譽鐘提供）

農民座談會，左起林豐喜、慶東里里長張國福、胡壽鐘（稻草人基金會提供）

農運山城三劍客（原刊於「民進週刊」）

胡壽鐘自費在台灣時報刊登12.08抗議活動的廣告（1987.11.23）（胡譽鐘提供）

三支綠色的箭頭，代表農民權益日益上升。這支旗子，日後在多次農民運動大出風頭，被全臺灣的農權會引用，除了雲林農權會，他們加了一把鋤頭。

大會成立，工作才開始，隔天開始在東勢、卓蘭各村里展開農民座談，座談會都在晚上召開。苗栗的兩場，在卓蘭鎮及山頂的雙連，由林豐喜及許清復等負責，在卓蘭體育館的那一場，來了一百多人，轟動了安靜的客家小鎮，更驚動了警方及情治單位。在許清復等人的奔走下，12.08卓蘭來了12臺遊覽車，還是到彰化租的。在東勢辦的第一場就在慶東里，正是林豐喜的老家。那場來了很多人，反應非常熱烈。說到要去抗議，問的都是同樣的問題：「要怎麼上去？」「會不會有危險？」「要怎麼聯絡？」劉南燬說：「只要大家守規矩，不打人，一定不會有危險。」12.08那天，慶東里來了兩部車。

接著分別辦在上城、下城、石角、中料、延平、興隆、明正各里，都是借用村里的活動中心或廟場，音響是就地取材的村里擴音機，每個人都親自上陣，「有嘴說到無涎」。有的里二、三十人，有的里把活動中心都擠滿了。抗議的話題，卻已經在保守的山城四鄉鎮東勢、新社、石岡、和平及卓蘭傳開，就像投下了一顆原子彈。每一個里都可以找到一、兩個聯絡人當幹部。明正里是種葡萄的邱華集，興隆里是林豐喜的表弟徐華麒，隆興里有余火城…。黑派大本營的新社區，最熱心的鍾益郎、陳光博…。11月17日在東勢果菜市場舉辦了首次大型抗議農產品進口的說明會。

怕人不夠壯觀，11月23日，胡壽鐘自掏腰包花了兩萬塊，在臺灣時報第四版刊登廣告：

臺灣時報第四版廣告

「農民的血淚有誰知？抗議！大量進口水果，全省農友們大家一起來參加12月8日立法院請願活動，請全省各地區農民速組織『農民權益促進會』共同爭取農民權益而努力抗議！××縣長阻止本會成立，處處阻撓本會為爭取農民權益之各項活動，臺中縣山城區農民權益促進會主任委員胡壽鐘、臺中縣梨山區農民權益促進會主任委員王忠信敬邀，會務中心：東勢鎮42303本街南片巷13之8號，電話：045-870535。」

花錢廣告效果驚人，連外縣市都打來問。胡壽鐘永遠記得接到的第一通電話，是遠在高雄的陌生人湯金全律師打來的（民進黨籍，日後選上立法委員），他說：「你的決定是對的，我支持你。」胡壽鐘當場眼淚就滴下來，鼻子也酸了。各地方打來報名的電話，從宜蘭的陳重疊、彰化的吳朝花…也讓大家感到振奮，光是梨山就有十二輛，東勢報名的就更熱烈了。最意外的是，曾經在林豐喜工廠工作半年，愛看書，熱愛社會運動的陳秀賢主動出面，加入籌備的行列。

沉寂了六十年的農民運動第一聲「12.08」就這樣五輛、十輛、二十輛、五十輛…到最後加一加竟然超過一百輛。林豐喜、王昌敏等人把臺中縣的遊覽車都租光，租到彰化，爲了不少收了訂金，卻被施壓取消，最後租到高雄的車才解決問題。

堂堂溪水出前村

11月25日，林豐喜、胡壽鐘、王昌敏、劉南熾等人首次遠征至彰化及大村吳朝花宅，與賴臨任、賴儀權、陳光華、陳忠孝等人座談。12月6日，在東勢東聖宮地下室舉辦的糾察人員講習，六十多人中，彰化就來了九位。主持的林豐喜，開心的吹起口哨。尤其是在調查局、警備總部、警察局…都出面阻撓之後，「12.08」未演先轟動。執政的國民黨也沒閒著，12月3日，經濟部宣佈12月4日起收回除美國以外地區之水果簽證。12月4日，臺中縣長陳庚金出面，到場的有山城四鄉鎮的鄉鎮長、農會理事長、總幹事，連縣警察局長王安邦等都全員到齊，參加協調的農權會代表有林豐喜、胡壽鐘、王昌敏、鍾益郎、許清復、劉南熾等人。由於會中，陳庚金一再阻撓林豐喜發言，又暗指林豐喜策劃活動是「別有居心」、利用農民，要求果農不要被人利用，農權會代表被激怒憤而離場，會議不歡而散。

萬山不許一溪奔，堂堂溪水出前村，「12.08」農民抗議，在人民的殿堂立法院堂堂登場。舉著牌子，安份規矩走在紅磚道上，從中正紀念堂到立法院的隊伍，一張張惶恐、素樸、黝黑的農民的臉孔，就這樣走進已沉寂一甲子農民運動的臺灣歷史洪流中。

水荒！荒蕪田園會來臨嗎？

敬愛的新社鄉親農友們：

新社鄉位於高亢地區域，任何一滴水省取之不易，如果有一天…欠用水荒！灌溉用水沒了！您該怎麼辦？1200甲以上的田園，農友種植了葡萄、梨、枇杷、蔬菜及各種農作物，這些廣大的田地，必須有充沛的水源來灌溉，35000人以上的日常生活也需有充足的水，水源與我們是息息相關的，新社鄉沒有茂密的森林，沒有流源不竭的河川，一切用水的取得大部份依靠地下水，農忙時間，夏季裏旱已受到用水量不足的威脅。

台中市東山鄉合社區居民的用水，應由水量充沛地區引來使用，不管路程多遙遠台中市政府應該來做才對，東山社區居民的生活用水並不是我們新社鄉民不去關心，他們也是我們的同胞，而是新社鄉自身已難保，心有餘而力不足，希望他們能夠體諒農民、鄉民的苦衷，讓閣台中市東山社區附近的土地，大都爲財劃，權貴人士所擁有，因水源缺乏而無法提高利用價值，如果新社鄉分享了水源，獲利的並不是居民與農民，而是財大勢大的權貴與財團，希望台中縣政府能了解新社鄉早已有用水不足之感，不要出賣了鄉民，應站在農民、鄉民的生活，堅決的維護新社的水源。

鄉親們：維持充沛的水源，維護美麗的田園，不受水荒的侵襲，是我們每一個人的責任，爲了家鄉爲了田園，爲了日常生活，不要分你我，不要分任何黨派，大家攜手牽手，心連心，團結一致來保護水源，來奉獻心力，否則有一天水荒了，田園廢了，您將成爲子子孫孫的罪人。

爲了維護水源，請大家一起來盡一分心力。

　　　　　　　　　山城區農民權益促進會主任委員　胡壽鐘
　　　　　　　　　　　　　新社地區委員　鍾益郎　敬上
　　　　　　　　　　　　　　　　　　　　劉錦中

〈編者按：本文係協助新社地區保護水權活動文宣〉

山城農權會在新社鄉辦招募會員的傳單，新社鄉署名的人是鍾益郎、劉錦中兩位（胡譽鐘提供）

12.08 農民請願成果說明會（1987.12.18）
（胡譽鐘提供）

農權會會旗

屏東農權會

馮清春 口述（第二任臺灣農民聯盟理事長）
鄭順聰 整理

「12.08」農民抗議遊行的事情，經報紙大幅報導後，我們才驚覺，原來農民也可以上街頭抗議。那時我們屏東就在醞釀農民也要抗議。只是不知道從哪裡著手、該怎麼做。沒想到林豐喜一下子可以號召那麼多人，給我們很大的震撼。

屏東主要以稻農、菜農、豬農與雞農較多，當時農民都不賺錢，大家有苦說不出。也不知道該怎麼辦。看到臺中的果農可以這樣抗爭，得到很大的鼓舞。我特地到東勢找林豐喜，兩人一見如故。談了很多屏東農業的問題。後來就參加他們的會議。之後，號召屏東的農民，參與「3.16」的遊行。

「3.16」屏東農民雖然參加的不多，但學習到如何組織動員農民的寶貴經驗。我們幾個便一個鄉鎮一個鄉鎮去宣傳，辦小型座談，講農業政策不當、政府沒有照顧農民，農民該如何覺醒等。後來也成立「屏東農民權益促進會」。

註：本文原載自「重現臺灣史」五二○事件

農權會旗亮相

農權會會旗首次亮相，是在1987年11月5日山城農權會成立的那一天。是林豐喜拜託出生於豐原的藝術家袁國浩，替山城農權會所設計的。

根據袁國浩老師表示，旗子以純白為底，代表純樸、潔淨的農村大地。中央為土黃斗笠，象徵勤奮的農民，其下三支綠色箭矢，表明農民在政治、經濟與意識形態之全面覺醒，三方分進合擊、奮鬥向上。

這支旗子，在往後12.08、3.16、4.26、5.16四次全臺農民集結抗議，以及6.28臺灣農民聯盟成立，還有包括各地農權會成立，都可以看到它迎風飄揚。

參

1988元旦賤賣農民：

農工本同命，手足應相憐

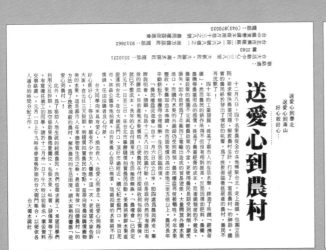

臺大濁水溪社「送愛心到農村」傳單（稻草人基金會提供）

賤賣農民活動傳單（稻草人基金會提供）

一、賤賣農民臺北場

　　繼「12.08」四千農民上臺北發出第一聲怒吼之後，由山城農民權益促進會發起的第二波「賤賣農民在臺北」活動，1988年元月1日至3日，分別在建國南路假日花市、林森公園、國父紀念館、臺大校門口、頂好市場前展開義賣水果的活動。來自臺大、政大、東吳、銘傳、實踐、文化、中原、中央八所大學7～80位學生，也投入這項活動，本著關懷農村、農民的困境，大學生走出校園、踏上街頭，與農民站在一起。

　　去年「12.08行動」之後，山城農權會於12月18日晚，在東勢果菜市場舉辦一場說明會，會後擅長社會運動組織的陳秀賢，率先提出「賤賣農民在臺北、高雄」的構想，藉著賤賣農民血汗、都市民眾自由給價，凸顯政府開放農產品進口的政策，嚴重打擊臺灣農業，讓社會大眾瞭解農民無以為生的困境。這項提議得到山城農權會大多數人的贊同。陳秀賢、林豐喜、胡壽鐘、王昌敏等人，隨即展開細部規劃，並分別到臺中、苗栗、彰化、南投、高雄等地展開動員及串連。

　　當時正逢農忙時期，林豐喜遂聯繫在「南方雜誌」擔任主編的黃志翔，希望能號召關心社會運動的大學生來幫忙。在黃志翔的校際串連下，臺大濁水溪社更主動聯繫林豐喜，表達願意鼎力支持，還主動製作「送愛心到農村」的傳單發至各校，署名聯絡處為臺大活動中心238室大新社、大論社、濁水溪社、南方雜誌社、山城農權會等。

　　12月26日在南方雜誌社召開座談會，林豐喜、胡壽鐘、王昌敏、陳秀賢與八所大學近30位代表出席。在陳秀賢「社會參與、關懷農村、回饋農民」號召下，踏出農學合作的第一步。會中決議賤賣農民活動，農權會負責調配水果，學生負責宣傳及主導賤賣……。同時希望每天至少能動員30～40位學生到現場負責。

　　由於籌備匆忙，事前農業教育訓練不足，大學生欠缺與消費者面對面的經驗、又是「農民何價？良心給價」，讓消費者一時難以適應、農民與學生的溝通不足等，第一天的活動較為凌亂，出現一些丟10元卻拿走7、8包水果的民眾，或誤以為是撿便宜大拍賣，讓農民相當心疼與無奈。曾發生農民不忍心血被糟蹋，想論

翁章梁（左邊送水果者）在賤
賣農民活動現場（曾文邦攝）

斤賣的現象，學生一度對農民不諒解、對消費者傷心。但也
有不少放100元只拿幾顆橘子的民眾。學生也看到學者蕭新
煌、陳希煌教授分別前來關心，默默放了1,000元，只拿走
一顆橘子，學生感動之餘，趕緊告訴在場的林豐喜等人。當
天晚上，大家在南方雜誌社召開檢討會，緊急加強傳單製作，
說明活動的主旨、方式等。畢竟年輕人是熱血的。

　　第二天開始，拍賣現場，學生在顯眼的地方，張貼了活
動傳單，還拿著麥克風做短講，用委婉的聲調訴說「我們賣
的不是水果，是農民的血汗！」「進口水果讓農民活不下去
了！」「臺灣的農村破產了」。遇到民眾一粒粒挑選時，有
學生還會機會教育：「不能再挑了！臺灣的農民再也禁不起
挑三揀四！」打動了不少人，紛紛解囊支持農民。學生改變
宣傳策略，再加上各家新聞媒體的大篇幅報導，引起大批民
眾的熱烈迴響，一掃昨日陰霾。第二天在國父紀念館現場，
活動不到兩小時，八百多斤椪柑被搶購一空，林森公園及假
日花市兩處，也在供不應求的情況下，下午兩點半提前收市。
當天晚上檢討會，咸認為直接訴諸消費者各項水果的生產成
本和銷售價格的差距，陳述果農面臨的困境、軟性訴求加上
輿論的支持應居首功。疲累兩天的學生，當晚個個得以帶著
笑容酣睡，一覺到天亮。

陳秀賢在賤賣農民活動現場（曾文邦攝）

第三天下午，所有人集中在臺北車站，送出一袋袋的水果給往來的人們，吸引了不少民眾圍觀，學生也把握機會，呼籲民眾瞭解農民的處境，關心農村的現況、重視農業的未來。結束爲期三天的賤賣果農在臺北行程。

犧牲三天假期的學生，對於農學合作初體驗，紛紛表示感觸很深也收獲良多。一位同學說：「第一次體會到手中的一顆橘子，不只是一顆橘子。」臺大的同學林正修說：「參與這項活動，是希望促使臺北市民，瞭解當前農民的處境，而不是要博取同情。」臺大濁水溪社的黃偉哲說：「對學生而言，這是很成功的內部整合，各校的串連也相當不錯。可以形成另一種學生運動的模式。」中原的翁章梁說：「我本身是農家子弟，跟農民的頻率比較搭得上，不用說服。學生看待社會運動，是以觀察者的身份，而不是參與者的身份去介入。賤賣果農是一個軟性的，對社會訴求的運動。經過這次參與，我自己有一些反省，學生不應該只是一個觀察者，解釋，問題仍然存在；應該要去做社會運動的改革者，改造，才有希望！」

林豐喜說：「經過這次活動，我對學生大大改觀。他們有相當可觀的組織動員力，也有很高的學習能力。學生代表社會的正義，未來會加強農民與學生的合作，必然會增加對社會的說服力。」陳秀賢說：「有了這次與學生培養合作的經驗，整個過程可說是充滿實驗性。在實踐中不斷修正，調整我們的方法。透過具體的合作，再藉由不斷的內部協調與溝通，摸索出自己的路。相信以後要從事更大更廣泛的結合，是有可能的。」

賤賣農民臺北場，王昌敏默默舉著傳單（南方雜誌第 16 期／呂昱提供）

二、賤賣農民在高雄

　　結合勞工、環保運動者、漁民和學生，打出「農工本同命，手足應相憐」口號，「賤賣農民在高雄」於元月9日展開三天的活動。由於傳播媒體的大肆報導，當天上午在郵政總局的賤賣活動，即掀起高潮，民眾熱情而踴躍，不到下午4點即銷售一空，不得不取消原訂當晚在六合路舉辦的活動。來自中部的農民，第一天就充分感受到勞工都市的溫暖與關懷。

　　負責籌劃活動的陳秀賢表示，長期以來，高雄一直是重要的勞動力密集地區，由於學生正逢期末考，因此高雄的活動，以勞工為主要結盟的對象。而勞工大都出身於農村，跟農民有著命運相同的情感。後勁反五輕工作室蔡朝鵬及高雄工聯會幹部顏坤泉、姚國建、姚瑞祥、劉珩、知名的社運人士洪田浚、林美瑢等都大力支援這項活動。南投農權會的林長富和山城農權會的胡壽鐘特地開貨車南下，配合後勁反五輕工作室支援的兩輛宣傳車，一整天在市區內不斷繞行，以軟性的訴求宣傳，吸引不少路人的目光。中山大學、高雄醫學院學生社團「望春風」、「火星社」周家齊、張汝新、鄭博仁等十餘名學生，也加入促銷的活動。

　　高醫學生社團「望春風」，在前一天發表聲明，表示對賤賣農民活動的支援，希望大家共同正視農民的困境。聲明中指出，「明辨是非、伸張公義，進而追求一個充滿喜樂的社會之實現」，是望春風成立的宗旨，因此積極投入社會參與與關懷的活動。針對國民黨政權為了平衡貿易，開放外國農產品進口，讓長期被壓榨的臺灣農業，無法承受這致命的一擊。「臺灣農業何辜？臺灣農民何辜？」呼籲社會大眾重視此一與人民息息相關的民生問題。並在校園張貼海報，希望師生踴躍購買支援。不料海報竟然被一再撕毀。只好趕緊重新製作，對海報貼了撕，撕了貼，深感無奈與憤怒。

　　9、10日兩天的活動現場，分別在高雄郵政總局、大統百貨公司附近、文化中心西側門、六合夜市等地。學生們在現場佈置了大批他們連夜製作的看板及海報，針對農業政策，提出嚴厲批判，也拿著麥克風向往來民眾訴求，受打擊的農民的處境，並分發學生製作的傳單給往來的民眾，吸引不少民眾前來，民眾情感上受到了感染，紛紛慷慨解囊。有路過的高中生，主動拿起傳單幫忙分發。幾個高醫學生還搬了水果回學校義賣。學生的熱血與正義，讓現場氣氛熱烈而高昂。一向最支持捐血活動、個人捐血無數次的林豐喜，特地集體響應隔鄰由扶輪社舉辦的捐血送沙拉油活動，加碼喊出捐血再送兩顆橘子，讓扶輪社捐血的人潮也多了不少，連說達標了。

　　雖然賤賣農民活動，自始即未與政治團體掛勾，仍有多位政治人物前來關切。高雄市長蘇南成第一天下午，曾到大統百貨公司附近現場參觀賤賣活動，對果賤傷農表示同情，但對農民在街頭賣水果則不以為然。他說，最好的辦法，應由農會出面處理，並反映給當局做政策

的改進。有農民當場表示，蘇市長完全不了解賤賣農民的意義。一小批人賣兩天水果，是能解決產地普遍因不敷成本滯銷任其腐爛的慘況嗎？農會要是能達到所應扮演的功能，最安份、保守的農民今天何至於此。蘇市長臨走，交代機要人員，以1,000元買了五箱柑橘。工黨的副主席羅美文、民進黨中評委郭一成、綠十字俱樂部葉耀鵬律師等人，到現場逗留許久，並與現場主辦單位的林豐喜、陳秀賢等人交換意見。也各自捐了錢購買水果聲援農民。

元月11日晚上7點半，由山城農民權益促進會主辦、工聯會和後勁反五輕工作室合辦，在勞工公園舉辦「農民的控訴」說明會。吸引了不少民眾前來。演講者包括立法委員朱高正、山城農民權益促進會的林豐喜、策劃整個活動的社會運動者陳秀賢、蔡建仁、工聯會的顏坤泉、後勁反五輕工作室的蔡朝鵬、民進黨雲林縣黨部主委張豐吉、李文平等。高醫火星社周家齊、張汝新等學生也大膽上臺，初試啼聲，眾人都說「大學生學習能力強，經過前幾天的訓練，果然效果不錯！」

為期三天的賤賣果農活動，圓滿結束。林豐喜對於活動過程中，透過與大學生、勞工、環保團體及社運工作者的合作，提供他們一個瞭解農民的機會，也增加對臺灣農業政策的重視，認為非常有意義。

陳秀賢也表示，經過這次的合作，他深切感受到組成一個社會運動工作室的迫切性。工作室可以在各項運動中，提供文宣、溝通管道、甚至是事務性的協助，以及更重要的教育及組織串連，工作室都能發揮作用。運動者光有抗爭意識是不夠的，現階段的農民運動，既無力又孤立，只有在不斷的實踐與摸索的過程中，才能發展出真正的道路。

南方雜誌第16期對賤賣果農活動的報導
（呂昱提供）

肆

1988冬季農村生活營：

同吃同住同勞動，農學合作再出發

由南投、山城農民權益促進會主辦，南方雜誌社、客家風雲月刊、社會運動工作室、新竹農民權益促進會協辦的「1988冬季農村生活營」，自2月4日至2月11日，在南投縣集集鎮田寮里的乙芝幼稚園舉辦。近40位來自臺大、中原、實踐、中央、北醫、高醫、輔大、成大的學生參與。

元月初「賤賣農民在臺北、高雄」的活動結束後，參與的學生有感於對民間認知的不足、農村現況的陌生，紛紛提出想真正體會農村社會的想法。透過南方雜誌社的聯繫，農民權益促進會與社會運動工作室籌劃，促成此次農村生活營。

農村生活營由胡壽鐘擔任營主任，林長富、劉南熾擔任副主任，林豐喜擔任總幹事。另設企劃、研修、活動、聯絡、總務、生活等組。「同吃同住同勞動　農學合作再出發」是此次生活營的主題。這是在一次由黃志翔、林豐喜、胡壽鐘、陳秀賢等人召開籌備會時，負責執行的林豐喜提出，擔心農家的老大人，基於疼惜年輕學子的心情，把學生當成客人，反而增加農民的困擾，認為在農家一樣吃住，才能真正體會農家生活。

關於生活營的課程與師資的規劃，由南方雜誌社與陳秀賢負責。由陳秀賢談「臺灣農業發展的歷史」；立法委員朱高正與律師出身的市議員謝長廷談「農政與立法及法令批判」；蔡建仁分析李登輝總統的農業思想；來自臺東，本身也在臺東農會服務多年的詹朝立（詩人詹澈），則探討與農民息息相關的農會之過去、現在和未來的檢討與改造；蕭國和談當前農業問題癥結何在。南方雜誌負責研討農村調查與紀錄。

2月4日下午，南投公路局車站，就有來自各地方的同學，陸陸續續到達報到。奇怪的是一輛輛警車，來回巡邏，當載著學生的專車駛向集集的路上，竟然還有轎車尾隨。剛到營地，同學們紛紛至附近農家打招呼。作為營地的乙芝幼稚園，是南投農運的發起人林長富提供的。還特地花錢做一個臨時浴間，提供學生們盥洗。

2月4日晚上，學生與農民相見歡，由蔡建仁主持。包括東勢山城、新竹各地區農民權益促進會來觀摩的農民、連深山的信義鄉，都有數位代表前來，在地集集的農民，更是風聞而來，將會場擠得滿滿的，熱情好客的農民，還帶來各種水果、牛奶當伴手，氣氛非常熱烈。農民們紛紛表

時間＼內容	二月四日	二月五日	二月六日	二月十日	二月十一日
6：30		起床 晨間活動	起床 晨間活動		起床 晨間活動
7：30		早餐	早餐		早餐
8：00 ～ 9：15	出發……	台灣農業 發展簡史 ●陳秀賢	農會現況 之檢討 ●詹朝立	鄉村生活	報告與討論
9：20 ～ 10：35		李登輝的 農業思想 ●蔡建仁	農業政策下 的法令批判 ●謝長廷		
10：45 ～ 12：00		農權介紹 ●農權會	當前台灣農業 問題的癥結 ●蕭國和		
12：10		午餐 休息	午餐 休息		午餐
13：40 ～ 14：55	報到	討論會 ●學員	農村調查 研討會 ●南方		
15：00 ～ 16：15		農政與 立法 ●朱高正	二月六日 ～ 二月十日	歸營	解散回家
16：15	編列分組	運動時間	鄉村生活		
18：00	晚餐	晚餐		晚餐	
19：30	歡迎會 ●農權會	座談會 ●南方		營火會 ●農權會	
21：30					
22：30	睏冥…	睏冥…		睏冥…	

農村生活營作息表（臺灣新文化第18期）

農村巡迴營上課的馮清春（稻草人基金會提供）

同吃同住同勞動
同學合作再出發！

——南投學生農村生活營隨隊採訪

／李梅金

四

海灵社與學員另闢戰場辯談

生活營的內容與課堂大異其趣

農林廳長余玉賢
支持五萬果農北上陳情

三月中旬傳出的消息，余玉賢對交接後…

「雞」犬不寧歹年冬！

——全省養雞業者群起自救

由

農民與學生的餐食＋兩農運閒聊研究之

基隆業者高生村踴躍上街頭

民進周刊第 52 期對農村生活營的報導

示，幾十年來，終於有大學生來關心我們做農的。

　　5日，上午8點，第一堂課由陳秀賢介紹「1945～1987的臺灣農業發展史」。從謝東閔的「小康計畫」、林洋港的「客廳即工廠」、李登輝的「八萬農業大軍」，談到當前邱創煥的「精緻農業」。陳秀賢以詼諧的口吻，漂亮流利的臺語，不時加上俚語，細數國民黨40多年來，充滿漂亮口號下的農業政策與農村實況，讓學生們笑聲不斷，也面露愁容。最大的困擾竟然是「俚語很難筆記！」

　　首開農學合作先河的農村生活營，也吸引不少媒體的高度關注，中午主辦單位召開記者會，就舉辦學生農村生活營的緣由、主旨、意義、課程、講師安排等做說明。也邀請各地農權會代表，談農權會的籌備情形。會中，來自臺中縣太平的大屯區示範林場承租戶代表張滿台上臺說明，農民被執政當局一再欺騙的歷程，當場老淚縱橫，不能自已。引來年輕學子的不忍，上前扶助拭淚。

　　下午的課程，由朱高正委員，從立法的角度，探討農業問題。口才犀利的朱高正，從雲林水利會事件開始批判，檢討農業相關法令。認為應該廢除農民團體立法委員制度，此制度限制了其他立委對農業的關注，並舉現有農民團體選出的立委蘇火燈、蔡友土、蕭瑞徵，未能善盡農民團體代表的職責，維護農民權益。

　　第二天上午，由遠自臺東趕來的詹朝立，以他在臺東農會工作多年的經驗與所見所聞，提出檢討與改進的看法。當他說到流傳在農民之間「輔了就倒、越輔越倒」的笑話，農民深怕作物被輔導，只能自認倒霉的情況，說笑的背後，隱藏著農家的辛酸和心血。

　　從彰化特地趕來的蕭國和，因逢母喪打擊與喪事的忙碌，雖未準備講稿，仍以一問一答的方式，回答所有學生的問題，誠意十足。

　　最後一堂課，由辯才無礙的謝長廷律師以「農業政策批判」做結尾。嚴肅的主題，以輕鬆、風趣的方式呈現，吸引同學的興趣，連吃中飯的時刻，學生們還意猶未盡，圍著謝長廷繼續討論未竟的話題，師生盡歡。

參加農村生活營的學生，站立者為侯福義（李梅金攝）

　　7日到10日，將展開四天「同吃 同住 同勞動」，開始進住農家。部分學員們，兩人一組，分赴臺中縣東勢、新社、和平、苗栗縣卓蘭四個鄉鎮。下午3點，留在在地的學員們，則與來自埔里、國姓、信義、還有在地集集的農民，開始「認親」。這些農家，是林豐喜一戶一戶拜訪，同意每一戶分配兩個學員進住，他特別與農民溝通，不用特別準備東西款待學生，到農家，就是要跟農民一樣，才能讓都市孩子體會農村生活的真實樣貌。

　　農家子弟出身、自小務農的林豐喜，還每天去各農家探望，看到學生光是走在山坡上整理果園，都走得發抖，一看就知道他們來自都市，完全沒有幫農的經驗。讓他印象最深刻的，是國姓鄉的郭朝港，他的桶柑，須按照他的定價去賣，降價絕不發貨。他的水果都賣不夠，去他的果園看，條理分明。認真的農民，就有價值。林豐喜特別交代學生，籃子要用提的，不能拖在地上，會拖壞，才不會幫倒忙。

　　11日上午的檢討會，學員大集合。第一次下鄉的學生們，經過四天的震撼，個個感觸良多，紛紛發表心得與感想。經過共同討論，竟然發現每家農戶都有負債的現象，臺灣農民日夜辛勤的勞動，並沒有獲得應有的代價。大家最關心的是，3月即將進行的北上抗議活動，他們能做什麼。一位學員說，他是看到12.08幾千果農到臺北抗議，讓他想要瞭解農民到底出了什麼問題。歷經多日體驗，雖然短暫，他開始反省自己過去對農家的疏離。

　　短短幾天的農村生活營，對學生與參與的農家而言，都是一次難忘而珍貴的體驗。

3.16 農民運動中抗議的學生組成學生大隊，所有的標語、舉牌、人偶皆是由學生製作（邱萬興攝）

3.16 為農民權利吶喊的大學生，圖為翁章梁等人（曾文邦攝）

參加農村生活營的學生，成為 3.16 學生大隊的主力（曾文邦攝）

伍

3.16農運：

臺灣不是美國的殖民地

山城農權會 3.16 行動的反美示威傳單
（邱萬興提供）

大專學生 3.16 行動傳單（邱萬興提供）

一、3.16行動

3月16日，歷來最大的農民抗議，也是第一次全臺灣農民大集結的反美示威，在臺北堂堂登場。

由山城、南投、新竹農民權益促進會主辦，全臺各地區農權會及農運人士、社會運動工作室、南方雜誌社協辦，山城農權會林豐喜擔任行動總召集人兼總指揮，新竹黃邦政擔任副總召集人，山城農權會會長胡壽鐘擔任總領隊，南投林長富、高雄美濃李旺輝擔任副總指揮。

此次遊行的申請，一波三折。農權會8日即提出申請，參加人數寫1,500人，多家媒體卻報導可能近萬人，遊行範圍跨越大安、城中、古亭等警分局，讓警方非常緊張。一開始，臺北市警局保安科曾以妨礙安寧等理由，加以刁難，在申請遊行不順利的消息曝光後，整個遊行申請審核，才急轉直下順利通過。

來自臺東、新竹、苗栗、臺中縣、市、南投、彰化、雲林、嘉義、臺南、高雄、屏東共12個縣市，包括果農、稻農、茶農、菇農、菸農、雞農……都來了。六、七千名農業大軍，為著土地為後代，通通勇敢站出來，為了還我農民生存權，為了瀕臨破滅的農村，農民發出「臺灣不是美國的殖民地」的驚天怒吼！

到臺北抗議遊行，路途最艱辛的臺東農權會，因為交通的緣故，總是要比其他地區，多花費兩倍的時間與資源。清晨4點半，臺東農權會搭乘兩輛遊覽車，首先到達集合地點，建國南路高架橋下。

官逼民反、學生不滿

清晨7點，來自十餘所大學的多位學生，一到建國花市，個個埋頭趕製標語並灌充寫著「官逼民反、學生不滿」的氣球。接著，總指揮車、鑼鼓車到了。一旁申請參加活動並大力支援的工黨，準備著「反雷根霸權主義」的標語。同樣表示聲援的民進黨籍七位立法委員黃煌雄、許榮淑、許國泰、

余政憲、吳淑珍、邱連輝、王聰松，要求官員下臺的聯合聲明傳單，也印了一大疊擺著。花市四周則是來自全臺各地農權會的農民，也陸續抵達。

9點15分，臺大、輔大、北醫、中央、中原近200名學生隊伍到場，準備將布條、標語分發給各路的隊伍。9點半，特別向農權會申請參加抗議活動的工黨主席王義雄、副主席羅美文及多名中央委員到場，直接走入第一縱隊後方120名工黨隊伍中。

近10點半，已聚集六、七千名農民，加上圍觀的民眾，把建國南路高架橋下花市周圍，占個滿滿滿。到處都是黑壓壓的人群、標語、布條、舉牌。白色底，土黃色斗笠，下面三支綠箭矢的農權會旗迎風飄揚，格外醒目。

向美國在臺協會遞交抗議書

面對歷來最大的抗議隊伍，不是公職也非政治明星的總指揮林豐喜，面對熙來攘往人聲鼎沸，以他一貫的大嗓門，指揮著遠遠還看不到尾巴的隊伍。11點整，下達出發令，由各縣市領隊做前導，在全場的歡呼聲中，農民們踏出了歷史的一步，走向美國在臺協會遞交抗議書。

11點20分，到達美國在臺協會。警方已將在臺協會的四周封鎖，同時設有三層人牆，阻擋群眾進入。有雜誌社記者要進入採訪，被警方以身分不明阻擋，雙方發生爭執，記者終被警方連身抬起，請出人牆外。隨後到來的林豐喜、胡壽鐘、黃邦政、林長富、張榮茂、林國華、李旺輝、許清復、陳秀賢、王昌敏等13名農民代表，和擋在外面迅雷小組的人員爭吵，經立委許國泰溝通下，代表們得以進入。

美國在臺協會，是由貿易中心主任Robert Strutmant、發言人何龍和農業組官員墨菲等五人出面溝通。胡壽鐘首先宣讀給美國在臺協會處長宋賀德的抗議書。為了美國強令中華民國政府完全撤銷國內農產品之保護措施，並以廉價農產品傾銷臺灣，以致臺灣農民血本無歸、欲哭無淚，向美國在臺協會抗議以表達臺灣農民的心聲。並表示如美國執意如此，臺灣農民將抗爭到底，並發起拒買美國貨運動。

美國在臺協會發言人何龍指出，在臺協會將立即把農民代表的口頭意見，電傳給美國華盛頓當局，書面抗議書，則會以郵寄方式寄達。

遊行隊伍在美國在臺協會前抗爭（邱萬興攝）

學生大隊高舉特別製作的反美紙偶（曾文邦攝）

抗議書

受文者：美國在臺協會處長宋賀德

主旨：為美國強令中華民國政府完全撤消國內農產品之保護措施，並以廉價農產品傾銷臺灣，以致臺灣農民血本無歸，欲哭無淚，茲向　鈞會抗議以達臺灣農民之心聲。

說明：

一、中美兩國本於傳統深厚友誼，美國又是臺灣最大之貿易出口國，中華民國有誠意幫助美國解決貿易赤字之問題，應從高科技工業產品、防衛武器以及其他教育文化事業、服務業等之進口著手，萬不可犧牲臺灣農民之利益。這是一種殺雞取卵的作法，違反兩國長久之共同利益，不可不知。

二、貴國應考慮臺灣人民之需要與經濟能力，若憑單方短時期之利益，迫令臺灣人民購買本地之生產過剩之美國進口農產品，對美方而言既不實惠亦屬強人所難。

三、同時，貴國但未給予中華民國合理之時間（reasonable time），來調整農業政策，以應付美國農產品之進口，因此目前要求臺灣開放美國農產品進口，自屬操之過急。

四、如果貴國強令臺灣開放進口美國農產品，而不顧臺灣農民之死活，則臺灣農民必能表現其韌性，與貴國抗爭到底，絕不妥協，並立即發起拒買美國貨運動。

謹狀
全省農民權益促進會聯盟籌備會主席團
胡壽鐘、林長富、黃邦政、張榮茂、詹朝立
林國華、李旺輝、林豐喜、許清復、許能通
聯絡處：臺中縣東勢鎮本街一七五號
電話：（〇四五）八七二五八〇
中華民國七十七年三月十六日

工黨大動員，加入行動支援團體（曾文邦攝）

由各縣市領隊做前導，農民踏出了歷史的一步（右三臺中市謝明源、右四山城胡壽鐘、右五新竹黃興東）（曾文邦攝）

工黨在美國在臺協會前抗議（邱萬興攝）

學生支持臺灣農民示威行動（曾文邦攝）

第一次全臺灣農民大集結的農民示威行動
（曾文邦攝）

3.16 行動，農權會旗迎風飄揚，
格外醒目（曾文邦攝）

此時場外農民高呼口號和進行演講。今天最鮮明的學生大隊，高舉特別製作的反美紙偶，那是一位穿著星條旗的美國官員，與一位穿著西裝的官員，兩個人正在握手，腳底下踩著的，是帶著斗笠、躺在地上的農民。站在旁邊的兩位同學，手上舉著「中美貿易談判，農民成爲祭品」，諷刺味十足。學生原本計畫在在臺協會門口燒掉紙偶，但擁擠的人群，還有一旁虎視眈眈待命的警察，決定暫時不在這裡燒，以免造成意外。

幾乎全黨大集合的工黨，在主席王義雄、副主席羅美文及多位中央委員的率領下，則高舉「工農團結、反對剝削」「反對農業殖民主義」「反對雷根霸權主義」等標語牌呼口號，群情激昂。工黨還製作了好幾幅巨大、充滿反美意識的漫畫。遊行到國貿局後，還演出抗議色彩的行動劇。一向持反美態度的夏潮聯誼會成員、人稱大頭的作家陳映眞，也出現在隊伍中，一路開心的喊口號「反美帝、反傾銷、反剝削」。

前往國貿局抗議

11點45分，林豐喜等人離開在臺協會，隨即坐上指揮車，率領一片旗海的隊伍，在喧天的鑼鼓聲中，浩浩蕩蕩走向國貿局。長長的人龍超過一公里，群眾心情慷慨激昂，在糾察隊員維持下，現場的秩序理性而平和。

下午1點40分，抵達國貿局。國貿局大門外，5、60名鎮暴警察全副武裝，盾牌警棍齊備，警方嚴陣以待。群情激憤，副總指揮胡壽鐘指責警方，農民難道不能到自己的國土嗎？要求鎮暴警察立即撤離，避免刺激農民。經立委邱連輝出面協調，鎮暴部隊才撤離至國貿局內。

林豐喜等13位各區代表和多位立委隨後進入國貿局，局長蕭萬長親自接見，代表及記者被帶到會議室聽取說明。農民代表首先宣讀請願書，希望國貿局長記取去年省產水果遭美國傾銷，造成農民血本無歸、欲哭無淚的痛苦經驗，留口飯給農民吃！多位農民代表則針對外匯運用、農業政策一一提出批評，希望政府能夠迅速擬定新的農業保護政策，對於進口水果、火雞肉能有明確的決定，保障農民權益。由蕭局長立即答覆。

在國貿局外等候的數千位農民，已過中午，尚未用餐，飢渴交加。有群眾企圖進入國貿局「方便」，未獲許可，和警方爆發衝突，群眾衝破第一道防線，到達辦公大樓的門口。

請願書

受文者：行政院經濟部國貿局局長蕭

主旨：為中美貿易諮商談判屆至，身為吾國首席
談判之國貿局局長，應記取去年省產水果
遭美國水果傾銷，造成我國農民血本無歸，
欲哭無淚之痛苦經驗。懇請　鈞座於談判桌
上體念農民的困境，留口飯給農民吃！

說明：
一、中美兩國本於傳統深厚友誼，美國又是臺灣
最大之貿易出口國，中華民國有誠意幫助美
國解決貿易赤字之問題，應從高科技品、國
防以及其他教育文化服務業等之進口著手，
萬不可犧牲農民之利益。
二、臺灣農業規模狹小，經營成本偏高，難以跟
美國農業競爭，冒然開放農產品自由貿易之
項目，無異將臺灣農民推下火坑，如此不仁
不義之行為，豈是我中華民國國貿局之一貫
作風？
三、犧牲農民，以換取工業部門之利益，非但無
法促使工業升級，反而促使工業界原地踏步，
不知長進——惟有在工業回饋農業，才能促
使工業升級。
四、懇請　鈞局體念農民之困境，在吾國尚未有新
興工業來容納農村就業人口時，應忠誠的保
護農業，留口飯給農民吃！否則農村破產了，
農民流落於大城市，亦將產生嚴重的社會問
題。

農民代表進入國貿局，林豐喜正在發言
（邱萬興攝）

鎮暴警察立即進行防堵，在推擠過程中，鎮暴警察木棍齊飛，群情激憤，場面火爆。「有人受傷了！」農民陳忠和、黃清材肩膀被打傷，在負責維持秩序的糾察大隊長林國華和古亭分局長的陪同下，進入國貿局協調。陳忠和要求警方道歉，及放棄追究，遭警方拒絕。隨後由高醫的學生帶至旁邊照料。

農民震天的喊罵聲，有人通知在七樓會議室的林豐喜，立即到場協調。林豐喜呼籲農民保持冷靜理性，避免影響仍在進行中的抗議；一切責任由他個人承擔；希望大家不要因細節問題，影響抗議的主題。林國華也極力安撫農民的情緒。

質問蕭萬長

七樓的會議室裡，氣氛也相當火爆。胡壽鐘痛斥鎮暴警察的暴行。彰化縣領隊游國相質問蕭局長，是否知道柑橘、香蕉盛產期與每斤的價錢？蕭局長思索了半天，才回答柳丁產地價，一斤大概4元，香蕉一斤大概7、8塊。游國相當場指正「是兩塊半一臺斤」，他說，官員務必實地了解實價，才有資格上檯面與人談判。他說，臺灣是海島型的經濟結構，產量多，價格賤，東西少，價格就揚高。現在為了平衡中美貿易逆差，大量輸入外國水果、火雞肉，打擊本國農業；不出幾年，本國農業垮了，農民不再務農，屆時外國再以高價向我們輸入農產，我們也只好硬著頭皮買，這是一個陷阱。新竹的領隊黃邦政，更直指我國目前糧食自給率的問題。他沉痛的告訴蕭局長，只有百分之四十。蕭萬長則強調，本身只是個執行單位，許多事皆無法擔當。此言令代表們深表遺憾！

3點40分，警方以此項遊行申請時間到2點35分，時間已到，因此高舉警告牌，要求農民立即停止抗議解散。農民又是一陣譁然，氣氛相當緊張。林豐喜再度出面勸阻農民，並要求警方停止這項刺激農民的行為。

因和國貿局的溝通已結束，林豐喜告訴農民，蕭萬長對中美談判並無裁決權。蕭萬長隨後應邀至門口與群眾見面，只說了謝謝和辛苦，不到一分鐘，又快閃躲進局內。氣得農民有人大喊「蕭萬長加油！」有人喊「蕭萬長下臺！」

國民黨毫無誠意

3點50分，遊行隊伍重整，走向國民黨中央黨部。行至南昌路和牯嶺街處，被迅雷小組阻擋前進，表示「遊行時間已過」，要求就地解散。警方再度舉牌，此時雙方再度爆發推擠拉扯，農民有人遭受警棍毆擊。現場一片混亂、追逐、扭打。

國民黨毫無誠意，看高不看低（曾文邦攝）

四線道的南海路，擠滿了人潮與宣傳車，前導的總指揮車，衝過一排警力殺出重圍，總指揮林豐喜重組隊伍，並控告警察打人。待現場冷卻後，隊伍走向中正紀念堂。4點20分，16名代表至國民黨中央黨部遞請願書。農民則靜坐廣場等待。

學生團體在廣場大呼「官逼民反，學生不滿」「美國壓力，學生抗議」口號，並拿出紙糊的反美人偶，請農民點火燒成灰燼。旁邊一位學生抬起頭，望向前方兩位學生仍高舉的標語「平衡貿易逼農友，學生為義上街頭」，三個人同時微微地點了點頭，露出了純真的笑容。

5點5分，代表們從國民黨中央黨部回到中正紀念堂，個個難掩失望的神色，表示國民黨毫無誠意，連宋楚瑜都沒見到，何況李登輝。只派出社工會主任趙守博來接受請願書，日前趙還曾公開說「幾千個農民，不能代表全部的農民」，代表們不願意向他遞交請願書。等了二十多分鐘，未見再派任何官員前來，代表們決定退回中正紀念堂。

活動結束前，代表們紛紛表示，下一次，要邀更多的農民到臺北，目標是執政的國民黨中央黨部。今天雖不滿意，明天也不絕望。

5點30分，遊覽車一一駛離，中正紀念堂一片靜寂。歷來動員全臺最大、也最平和、最有秩序的農民抗議結束了。每次抗議總是送走每一輛車，最後才離去的總指揮林豐喜，在黃昏的暮色中，一鼓作氣爬上總指揮車的右座，用已經沙啞的喉嚨，對著開車的夥伴余火城說「下次再來！」車子都還沒上高速公路，余火城向右座瞄一眼，林豐喜已經睡著了！

請願書

受文者：中國國民黨黨主席李

主旨：為中美貿易諮商談判屆至，負責決策單位之執政黨應記取去年省產水果遭美國水果傾銷，造成我國農民血本無歸，欲哭無淚之痛苦經驗。懇請執政黨於政策決定時，體念農民的困境，留口飯給農民吃。

說明：

一、中美兩國本於傳統深厚友誼，美國又是臺灣最大之貿易出口國，中華民國有誠意幫助美國解決貿易赤字問題，應從高科技及國防防衛工業產品以及其他教育文化服務業之進口著手，農民自古乃立國之本，農業破產則萬業失其根據，萬不可因農民為弱者，而犧牲農民之利益。

二、臺灣農業規模狹小，經營成本偏高，難以跟美國農業競爭，冒然開放農產品自由貿易之項目，無異將臺灣農民推下火坑，如此不仁不義之行為，豈是執政黨之一貫作風？

三、在此謹代表全省農民，提出我們的基本主張：

(1) 施行全面農民保險，並比照公保，建立退休及眷保制度。

(2) 確立國內農產品保護政策，限制進口與臺灣農產品抵觸之外國農產品，並開拓國外市場，設立工業回饋基金，保證產品價格。

(3) 解決產銷問題與運輸費用偏高問題。本島農產品除有嚴重之中間剝削問題外，運輸費亦屬偏高，其主要原因以中山高速公路以聯絡工業城市為主，而忽視農產地之交通，如今政府計劃開發第二高速公路，亦應一併解決臺灣農產品之運輸問題。

(4) 急速防治工業廢棄物與廢水污染農地，訂定「農業資源污染防治法」。

(5) 廢除水利會，以廢除對農民的任何變相徵收與剝削。

(6) 農會全面改造，將農會之經營權交還農民。

(7) 大規模建立國內外農業情報資訊中心，有效行事計劃生產，避免浪費農業資源。

四、懇請執政黨體念農民之困境，在吾國尚未有新興工業來容納農村就業人口時，應忠誠的保護農業，留口飯給農民吃！否則農村破產了，農民流落於大城市，亦將產生嚴重的社會問題。

3.16 是歷來動員全臺最大、也最平和、最有秩序的農民抗議（張芳聞攝）

3.16 是歷來動員全臺最大、也最平和、最有秩序的農民抗議（張芳聞攝）

3.16 農運總指揮林豐喜，右邊為游國相
（彰化農運推動者）（張芳聞攝）

農民代表至國民黨中央黨部遞請願書（曾文邦攝）

平衡貿易逼農友，學生為義上街頭（曾文邦攝）

抗議民眾遭到警方嚴密監控（曾文邦攝）

3.16 農民抗議
學生機會教育
來街頭做田野調查

　　3.16農民抗議遊行，一路上伴著走、藏著走、跟著走，各懷鬼胎的各路人馬非常多。其中有三隊人馬「動機純正」，值得一書。

　　經常提筆為文，關心農民、農業、農事的臺大歷史系教授黃俊傑，帶領學生在抗議隊伍旁觀察。他鼓勵學生關懷國家和社會，但不過度投入而迷失自我，掌握住「動態的平衡」；認為學生關心社會運動所扮演的角色分際，要能「入乎其內，出乎其外」。

　　不約而同的輔大社會系教授林寶元，帶領數十位社會系三、四年級學生，出現在遊行隊伍的現場「機會教育」。在學校教「社會學理論」的林寶元表示，理論架構主要是提供了解、分析社會現實的途徑。在抗議現場的田野調查，活動前，林寶元先行上課講解了20分鐘，以便就觀察所得回到教室討論。他說：這麼大型的抗議活動，如果只是從報紙媒體有限的報導來體會，終究是隔靴搔癢，無法落實對農民的關懷。

　　有志一同十多位世界新聞專科「翠谷雜誌」的同學，也在隊伍中穿梭採訪。世新三專二年級的黃同學說，他關心農業問題，也關心走上街頭的農民，對自身所面臨的問題，認知程度為何。對於遊行隊伍中，頗為鮮明的「學生大隊」，他認為學生直接加入無可厚非，畢竟很多同學來自農村，都是農家子弟。至於能有多少幫助、加入效果如何，值得觀察。

　　3.16抗議當天，警民衝突的現場，曾傳出農民爸爸遇到警察兒子，兒子被老爸臭罵的事，回程的遊覽車上，來自山城東勢的農民都當做笑話在說，引來一陣哄堂大笑。有幾位老農民說：「我孫子在臺北讀大學，嘛不知在讀什麼……。」

二、3.03籌備會

3月3日，山城和南投兩個農權會署名具函邀請全臺包括臺東、宜蘭、桃園、新竹、苗栗、臺中、南投、彰化、雲林、嘉義、高雄、屏東等12個縣市農權會或農民代表六十餘位，當天下午2點，在豐原興農山莊召開3.16行動籌備會。

會議由胡壽鐘及王昌敏主持，胡壽鐘先提議主席團制度，獲得在座代表支持，由北中南共推出11位代表為主席團。會議首先由各縣市代表，報告當地農業狀況，及農權會籌組情形。接著討論3月的行動日期，身為主席團之一的胡壽鐘提議，3月16日星期三，正是國民黨中央黨部召開中常會的日子，獲得通過。接下來討論地點的選擇，由社運工作室陳秀賢、蔡建仁提議美國在臺協會與國貿局。有多位代表提出為何先反美而不先反國民黨的質疑。陳秀賢提出說明，認為目前臺灣農村的崩潰，美國強制臺灣進口大量農產品要負很大的責任。臺灣農業的生殺大權，已掌握在美國人的手中。四月中美貿易談判即將進行，所以要先反美。多位代表認為，應加上執政的國民黨中央黨部，最後也獲得表決通過。

在討論行動召集人時，胡壽鐘堅持應由具有農民身分的人擔任，但在座的農民代表並無適當人選，對街頭運動有經驗、有能力掌握群眾的唯一適合人選，只有林豐喜。林豐喜雖然出身農家，自小也務過農，現在卻無農民身份。胡壽鐘的堅持，顯然衝著林豐喜而來。對於胡壽鐘的主張，有人同意，認為農民的事，最好還是農民自己來。

是什麼讓兩個前不久在12.08合作愉快、熱愛登山的多年老友，在全臺灣農權會籌組聯盟計畫進行的此刻，有如此大的轉變？莫非是權力鬥爭？

眼看氣氛有點僵，陳秀賢再次說明，選出的行動召集人，純粹是就該次行動的任務與角色，與未來的聯盟沒有必然關係。林豐喜突然站出來對著胡壽鐘說：「面對集遊法惡法，總召集人是要承擔所有政治責任的。當初是你主動來找我幫忙。如果你同意擔負所有的政治責任，我當然可以退出！」經表決，胡壽鐘的提案被推翻，改由11位主席互相票選，林豐喜全票通過擔任3.16行動總召集人。此時，山城農權會劉南熾表示：不應該由非農民擔任。隨即與梨山農權會傅文達、未被邀請夥同前來的國民黨東勢民眾服務站主任李枝運三人退出會場離去。率先發起農民抗議之一的劉南熾，就此未再參與農民運動。

三、3.11行前會

　　3月11日，全臺農權會再度於豐原興農山莊召開3.16行前會議。由行動總召集人林豐喜擔任主席。各縣市負責人報告動員情形。短短十天動員，遊覽車已近8～90輛。會後，汪立峽代表工黨向主辦單位申請加入行動支援團體。經一番討論後，同意工黨的申請。

主辦：山城、南投、新竹農民權益促進會
協辦：各地區農民權益促進會暨農運人士、社會運動工作室、南方雜誌社

總召集人兼總指揮： 林豐喜（山城）
總領隊： 胡壽鐘（山城）
副總指揮： 黃邦政（新竹）、李旺輝（高雄）
企劃： 王昌敏（山城）
財務兼副總指揮： 林長富（南投）
宣傳： 陳秀賢（社會運動工作室）
糾察大隊長： 林國華（雲林）

聯絡總隊長： 徐華麒（山城）
北區指揮： 陳文輝（苗栗）、黃興東（峨眉）
中區指揮： 游國相（彰化）、萬順金（南投）
南區指揮： 陳錦松（嘉義）、李登陸（屏東）

各地區領隊： 新竹／黃邦政　苗栗／陳中和
臺中／胡壽鐘　南投／林長富
彰化／游國相　雲林／林國華
嘉義／陳錦松　高雄／盧俊木
屏東／李登陸　臺東／詹朝立

3.16行前，總召集人林豐喜提出兩項呼籲：

1）希望警方不要過度反應，農民性格樸實而平和，只要
   警方不要干涉過深，抗議的農民必然會平平安安的
   來，平平安安的回家。
2）期待農業決策官員，將農民抗議訴求，落實到政策面
   的改進，以免製造農民更多的不安、失望與不滿。

來自國民黨的打壓

農權會發言人王昌敏透露：對於山城農權會發起3.16
行動，執政的國民黨用盡各種力量，阻止農民參加。3
月14日，國民黨中央黨部社工會主任趙守博，親自打
電話到臺中，要求當地民眾服務站及農會，15日到臺北
參加開會。

東勢及新社農會，更廣邀農民進行4天3夜的免費環
島旅行，日期正好是3月15日。

王昌敏表示，執政黨對山城農權會的幹部，無所不用
其極，進行分化。

新竹農權會大動員

3.16行動，新竹農權會來了20輛遊覽車，突破一千
人。由新竹農權會召集人黃邦政負責籌劃。楊清治負責
全縣13鄉鎮的聯繫工作，且均已找到召集負責人。3月
13日行動前三天，均已部署完成，士氣高昂、整裝待發。

各鄉鎮分別是湖口鄉楊能勇、新埔鎮葉展芳、芎林鄉
由在地的黃邦政、黃文淵負責。北埔鄉由鄉民代表會主
席姜良明召集，峨眉鄉黃興東及鄉代黃竹榮。寶山鄉江
永近、橫山鄉羅榮泉、竹北鄉邱水田、竹東鎮羅正弘、
劉泰邦等。新豐鄉、關西鎮、尖石鄉、五峰鄉負責人則
不便公開。

峨眉的黃興東，在一天半內即召足兩輛遊覽車，共96
人參加。芎林鄉長黃隆盛、農會總幹事劉仁添也將隨行。

臺南農權會成立大會，站立演講者為會長黃太平
（稻草人基金會提供）

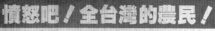

3.16 第一份文宣（邱萬興提供）

最後加入的臺南農權會

3 月 10 日，上午 10 點 30 分，在臺南新營韓城餐廳舉辦一場「臺南縣農民座談會」，林豐喜、陳秀賢應陳來助之邀參加。省議員蘇洪月嬌也到場。

會議由潘輝全主持。討論的主題有美國及其他地區農產品進口的問題、政府的農業政策、農產品產銷不平衡等。參加的農民包括稻農、果農、雞農、鴨農等。

討論非常熱烈。有農民發言陳述肥料價格非常高，種出來的水果非常便宜，到最後一卡車一卡車全倒進曾文溪，抱怨政府只重視工業，卻不斷傷害農業。

林豐喜以 3.16 行動總召集人的身分，邀請臺南縣農民加入 3.16 抗議行列。獲得與會農民大力支持。當天就決定要成立臺南農權會籌備會。陳來助擔任籌備會的總幹事。使 3.16 行動參加縣市，增加為 12 個縣市。短短五天臨時動員，3.16 當天，臺南還是來了三輛遊覽車。

社運工作室與文宣

3 月 7 日，負責文宣的「社會運動工作室」，在陳秀賢、黃志翔、蔡建仁及一群高醫同學的合作下，3.16 第一份文宣出爐。「憤怒吧！全臺灣的農民！／為著土地為後代，咱著勇敢站出來」。

傳單裡還詳細列出 10 縣市報名參加的負責人名字、電話、地點。在威權統治、情治特務遍佈的時代，素來沉默、安分的農民，竟然敢公然具名號召，在抗議形同造反的時代，這一次，弱勢的農民真的豁出去了。3 月 9 日，這份廣召英雄帖印刷完成，分批寄送全臺各地區主要聯絡人廣為散發。

學生們開始製作抗議白布條、大布畫，草擬給美國在臺協會、國貿局、中國國民黨的抗議書。

南方雜誌社與學生大隊

3月13日，參加賤賣果農和農村生活營的學生們，齊聚南方雜誌社，開會商討如何聲援農民。召集人是中原大學的翁章梁。會中決議：盡個人所能，動員各校同學參加。並協助製作抗議布條。在激昂的情懷中，「官逼民反，學生不滿」的標語出現了，成為學生大隊的抗議主軸。製作畫板、反美紙偶，並買來大批氣球，畫上標語，打算送給農民以及來支援的群眾。一直忙到15日深夜，南方雜誌社依然燈火通明。

3.16 當天，學生大隊足足超過 200 位，高舉醒目的舉牌、反美紙偶、諷刺漫畫畫板，是最鮮明、活潑、動人的一支隊伍。

3.16 行動，學生大隊是最鮮明、活潑、動人的隊伍
（曾文邦攝）

南方雜誌第 16 期封面（呂昱提供）

陸

一、4.26行動

4.26 農民運動行動宣言
（邱萬興提供）

4月26日，臺美貿易談判的第一天，來自全臺14個縣市農權會千餘位農民，及臺北縣市聞聲自動前來聲援的大批民眾，在山城農民權益促進會的號召下，再度集結臺北街頭。除了抗議美國農產品進口，廉價傾銷臺灣，打擊本土農產品外，呼籲政府臺美談判不得出賣農民利益，同時聲援因3.16行動，遭移送偵辦的總指揮林豐喜與副總指揮陳文輝。由於警備防衛過當，多次違背原先協議，與農民數度造成衝突與對峙，尤其是發生耕耘車（俗稱鐵牛仔）硬闖蛇籠往總統府衝。農民抗議竟然衝向總統府，震撼執政當局及談判的美方代表。整個活動一直到晚上8點才落幕。

自去年12.08、3.16到4.26，農民抗議的強度，越來越高，也越來越密集。農民爭取權益自力救濟的怒吼，也越來越大聲，農民運動風起雲湧，勢不可擋。這一次，農民將130輛耕耘車、農機車、自用車搬上臺北街頭，同時載運大量雞蛋、水果、蔬菜，前往美國在臺協會、國民黨中央黨部、臺北市警局抗議陳情。

老農不死，也絕不凋零！

臺美貿易談判，自4月26日到29日，進行為期四天。由於正逢農忙，山城農權會動員30部鐵牛、農機車及百餘位農民，在行動總領隊胡壽鐘的帶隊下，昨晚連夜北上部署，俾於今日打頭陣。桃竹苗地區農民，準備的是雞蛋、水果。南投的農民隊伍，包括果農、蕉農、茶農、雞農等，頭戴斗笠、肩扛鋤頭。雲林、嘉義、臺南、高雄、屏東地區，則以遊覽車、農機車為主。文宣組的學生們在現場散發傳單，標題寫著「老農不死，也絕不凋零！」的臺灣農民4.26行動宣言。

還我農民生存權！
一帝國侵略，買辦統治下的台灣農民呼聲！

美帝管老K，老K壓農民
農民血汗換來一元錢！

4.26 批判美國帝國主義的傳單
（邱萬興提供）

蔬果不斷從卡車上拋出，送給圍觀的民眾
（邱萬興攝）

10點半，大隊人馬聚集在建國假日花市，橋下也站滿各地自動前來聲援的民眾。上午11點，車隊在總指揮林豐喜一聲令下，準時出發。30輛鐵牛車在總領隊胡壽鐘率領下，以十幾公里的速度緩慢前行。一路上有民眾以掌聲和鞭炮聲表達對農民的認同。宣傳車也不斷傳出因車隊造成臺北市民交通不便的道歉聲。氣氛平和。

兩點嚴正呼籲

不久，車隊抵達就在附近的美國在臺協會。照例數百名警力，在協會前後佈下三道人牆。標準配備拒馬和鐵柵欄。11點10分，在現場一片掌聲中，林豐喜率領十位代表入內遞交抗議書，說明農民為了生存，不得不展開自力救濟行動；認為美方逼迫臺灣開放農產品的壓力有增無減，態度強硬與蠻悍，實已赤裸裸暴露其帝國主義的猙獰嘴臉；嚴正呼籲：

1）請全體國民正視今日臺灣的農業危機，正是源於不當的農業政策與帝國主義的強權侵略！
2）中美貿易談判不得出賣臺灣農民的權益！

此時，在臺協會周圍已聚集了滿滿的人潮，停在在臺協會前的車隊，總指揮車上，陳秀賢及雲林來的林國華正在發表演說，指責政府無能。11點20分，蘿蔔、大白菜、檸檬不斷從卡車上拋出，送給圍觀的民眾，蔬果散落滿地，民眾紛紛搶拾，場面相當混亂。車上，來自高雄後勁反五輕代表蔡朝鵬，正在控訴政府欺壓農民勞工。長長的車隊，掛滿了各式標語「自由化、國際化、農民淪落成叫化」「官員談判步步退，農民生活日日衰」「買辦下臺，美國農產阮不要」「臺灣不是美國的殖民地」。

11點45分，車隊繼續往臺北市警局開去，沿途不斷大聲呼籲「臺灣的農村破產了」「農民辛苦血汗種的菜不值錢」「農民被逼，放下鋤頭，走上街頭」，吸引路人的重視。車隊行經松江路口時，駛在隊伍前面的鐵牛車，突然不斷蛇行，原來此路段地上撒滿了鐵釘，「不知是誰這麼夭壽」，農民忍不住咒罵。時近正午，熱如火的艷陽下，抗議隊伍緩緩前進，鐵牛車的駕駛，又熱又餓，沿途不斷有工作人員，發放包子麵包充飢。

4.26 行動的總指揮車，王昌敏正在車上宣講
（邱萬興攝）

農民將鐵牛、農機車開上臺北街頭，沿途民眾以掌聲和鞭
炮聲表達認同（邱萬興攝）

農民將鐵牛、農機車開上臺北街頭，沿途民眾以掌
聲和鞭炮聲表達認同（邱萬興攝）

車鑰匙被警方偷拔走了（曾文邦攝）

警方偷拔車鑰匙

到達民生西路、寧夏路口，警方突然不准車隊右轉寧夏路。林豐喜說，不是有申請遊行，同意兩輛車進入嗎？認為警方執法不守信，遂下令隊伍右轉寧夏路。在一陣推擠中，開著總指揮車的徐華麒發現，車鑰匙被警方偷拔走了。警方矢口否認。場面火爆，雙方僵持在現場。寧夏分局長說，已經找鎖匠來開。林豐喜說，根本就是警察偷走鑰匙。不多時，鑰匙突從人群中丟出來。

下午4點15分，車隊由仁愛路左轉向國民黨中央黨部。一輛農機車直直開向黨部大門。現場安全人員及警力立即衝出阻止發生衝突。鎮暴警察迅速以人牆封住大門。隨後趕到的指揮車林豐喜等人見狀大怒，高聲說國民黨也是人民團體，不應浪費警力保護，警方應該保持中立。要求鎮暴警察撤退，同時擔心農民受傷，要糾察人員請農機車往後退。

林豐喜要求鎮暴警察撤除，請國民黨正副秘書長李煥、宋楚瑜其中一位出面接見。由於毫無動靜，久等不耐的農民，紛紛往黨部門口丟蘿蔔、檸檬等。此時林豐喜等人發現鎮暴警察後方的警力開始要動手抓人，立即要求農民撤退保持距離，靜坐抗議。

鐵牛車駛向總統府

4點45分，林豐喜突宣佈，等待到4點55分，如無人回應，車隊將掉頭開往總統府。5點整，車隊往總統府方向開去。在公園路、介壽路口，即被兩排鎮暴警察及蛇籠擋住。在眾人錯愕中，一輛鐵牛車率先往蛇籠硬衝去，被鐵絲和盾牌擋住。雙方開始僵持。總指揮車及車隊一直停留在總統府前廣場。農民久候不耐，索性將載來的高麗菜、蘿蔔全數傾倒於廣場上。6點，鎮暴警察增加人力，除了全副鎮暴裝備外，也見到電棒、六五步槍上場，隨著天色暗去，接著四輛大型鎮暴車登場。

天色越來越暗，天空開始下雨，對峙的兩方進行「音樂對抗比賽」。一邊是「中華民國頌」「我愛大中華」，聲音又大又刺耳。指揮車上則是陣陣的廣播輪番上陣，「國民黨欺壓農民，鐵牛車一臺要16萬，農藥、肥料貴死人，種出來的

農民將載來的高麗菜傾倒於廣場（許伯鑫攝）　　　　　　　　　天色越來越暗，天空開始下雨，對峙持續中（曾文邦攝）

水果蔬菜卻不值錢！」「農民上街頭，為爭生存權！」「補助黨營事業110億，農民保險10億卻說沒錢！」句句控訴。

7點半，立法委員王義雄、余政憲出面，與市警局副分局長王化榛協調。7點40分，雙方達成協議。林豐喜請雙方暫停廣播，說只要鎮暴警察先向後撤退，農民抗議車隊願意馬上離開現場，願意帶農民轉往中華體育館，向正在辦說明會的民進黨陳情。經協調，雙方各向後退去。8點2分，農民車隊駛離廣場。8點40分，通往總統府的介壽路恢復寧靜。

鐵牛車第一次上街頭的4.26抗議行動，漫長疲累的一天，終於結束了。

林國華突然宣佈，5.20再上街頭

負責農權會文宣、寫稿發佈新聞，素來話不多的黃志翔，面帶憂愁的神情，對著林豐喜、陳秀賢說，早先，雲林農權會突然自行收隊離去。臨走前，領隊林國華突然宣佈：「5.20他們要再上街頭。」讓各地的領隊，面面相覷，一陣錯愕！農權會每次抗議行動，都是召集大家開會，經過充分討論才決定的。

「今天往總統府衝，太突然了。」黃志翔突然開口。

「幸好阿喜仔街頭經驗豐富，能放能收，都在控制之中。」陳秀賢說。

原本面帶憂愁的黃志翔、陳秀賢望著林豐喜，三個人同時露出笑容。

「走吧！」林豐喜說。

抗議隊伍在總統府前（許伯鑫攝）

史上第一次鐵牛車駛向總統府
（曾文邦攝）

大批鎮暴警力佈署在國民黨中央黨部前（曾文邦攝）

二、4.26行動籌備會

4.26 行動，齊聚各式農民走上街頭（曾文邦攝）

　　為了因應即將於4月26日～28日登場的臺美貿易談判，來自全臺9個縣市農權會的代表及5個學生團體、兩個社會團體，4月1日齊聚臺南赤嵌飯店，召開「4.26行動籌備會」。會中選出行動幹部：總領隊胡壽鐘、總指揮林豐喜、車隊北區負責人黃邦政、中區王昌敏、南區陳錦松、文宣：黃志翔、呂昱（南方雜誌）、財務林長富、企劃陳秀賢、聯絡張富忠、學生組何東洪、黃哲彥、周家齊。

　　會中決定，由13個縣市各自推舉5名以上自願者，組成「絕食敢死隊」，進行三天的抗議。為了預防意外發生，已商請北醫及高醫學生，組成醫療隊伍隨時待命。同時決定將以車隊遊行的方式，將農民賴以生存的鐵牛車、農機車開上臺北街頭。同時也將準備大量水果、蔬菜、雞蛋等侍候臺北市民，讓都市人了解「做田人的艱苦」。

　　對於3月24日收到臺北市警局約談通知的林豐喜，在場代表一致通過，若林豐喜被起訴，將不惜一切發動農民予以聲援。

三、4.26行動行前會議

繼「12.08」「元旦臺北、高雄賤賣果農」「3.16」之後，農權會發動的第四波街頭抗議行動，已確定在臺美貿易談判的第一天，4月26日再度登場。這項集會，19日經農權會發言人王昌敏申請，業經臺北市警局核准在案。

4月15日，來自全臺14個縣市的農權會代表，在臺中市興農餐廳召開行動會議。與會人士推舉來自新竹峨眉農權會的理事主席黃興東主持會議。會議的主題為：（1）臺美貿易談判的因應對策，（2）4.26行動細部討論，（3）聲援林豐喜、陳文輝案。

各地農權會代表認為，有鑒於此次臺美貿易談判，只談菸酒的部份，已排除水果、火雞肉及雜糧等敏感問題。新竹黃邦政表示，我們暫且相信國民黨政府，若一再欺騙我們五百萬農民，我們再進行最嚴肅的絕食抗議。提議獲得大多數與會代表的同意。原本決定在四天臺美貿易談判期間，農權會要進行絕食抗議的計畫，暫時保留。由於此間正值農忙期，改以單天的車隊遊行，藉此聲援因「3.16行動」被移送偵辦的總指揮林豐喜及苗栗縣領隊陳文輝議員。同時附帶決定，預留部分人馬在談判會場監督，若有出賣農民情事，立刻發動農民北上抗議。

4.26農民運動遊行申請書（邱萬興提供）

此次活動已經申請核准通過，總領隊：胡壽鐘、總指揮：林豐喜。預計有200輛小貨車與500名農民參加遊行。陳情地點有美國在臺協會、臺北市警察局、國民黨中央黨部。集合時間為4月26日上午10時，集合地點在臺北市建國南路高架橋下。

討論聲援林豐喜及陳文輝案時，陳文輝慷慨激昂說：「我不怕坐牢，我牽手說要拿著行李跟我一起坐牢。如果我們坐牢，國民黨鐵定要付出相當的代價！」陳文輝說，當天林豐喜代表進去國貿局談判，暫時把指揮的

任務交給他。誰知道一進去就一、兩個鐘頭，申請時間已到，警方舉出告示牌，要求他解散隊伍。他認為，進去談判的人都還沒出來，他怎麼可能宣佈解散。何況，現場那麼多人，解散怎能不出亂呢。

會中，文宣組提出一份聲援林、陳二人的聲明：「抗議國民黨利用集遊法惡法，作為鎮壓異己的工具。對於林豐喜及陳文輝因3.16行動被移送法辦，深感憤怒。徹底質疑集遊法的正當性與合法性。並鄭重宣告，任何對於林、陳二人的起訴或判決，都視同為針對臺灣全體農民而發。無論他們二人遭受何等迫害，必將採取一切必要的行動，進行全面的聲援與反擊！」

最後討論成立「農產品進口監督小組」，決定交付文宣組及張俊宏委員的「政經研究室」辦理。

當天的會議，年輕的黃興東幽默風趣的談吐，讓會議在嚴肅又不失輕鬆的討論中，順利結束。贏得大家一致的好評。來自各地原本不相熟的農權會代表，瞬間感情增溫不少。

桃竹苗民進黨黨公職聯合出擊

為了響應山城農權會號召史無前例的「4.26鐵牛上街頭」農民抗議活動，桃竹苗民進黨黨公職精銳盡出，聯合出擊。4月23日晚，在蔡仁堅服務處舉行演講會。出席的有民進黨中常委兼中央黨部農工三人小組之一的張富忠、中執委蔡仁堅議員、新竹市黨部農工小組督導執委吳秋穀議員、新竹縣入黨審查委員會召集人林光華等，以及在「3.16行動」因擔任總指揮被臺北市警局以違反集遊法的名義，移送法辦的林豐喜及苗栗縣領隊苗栗縣議員陳文輝兩人也特地到場，訴說最保守的農民，為何放下鋤頭，走上街頭爭取農民權益，會中大家共同呼籲民眾踴躍參加「4.26行動」，與農民站在一起。

四、全國農權會
籌組緊鑼密鼓

4.26 行動中的新竹農權會
（曾文邦攝）

　　3.16行動檢討會，在3月23日下午1點半，假臺中興農餐廳召開，由胡壽鐘及林豐喜主持。共有來自全臺12縣市，近40位代表參加。會中決議，希望各地農權會，盡可能於5月1日「全國農民權益促進會聯盟」籌備會成立之前成立。

　　到4月5日止，除了山城、南投縣、卓蘭、峨眉等地，有正式的農權會組織在運作外，從南到北有14個縣市負責人，都加緊腳步、四處招兵買馬、進行下鄉座談、組訓及籌組的工作。4月雖逢農事開始，組織化的工作，依然緊鑼密鼓的進行。

　　新竹苎林在黃邦政、黃文淵的奔走下，6日召開籌備會，10日正式成立。預計將擴展全縣13鄉鎮。

　　早在「12.08行動」出動14輛遊覽車的苗栗縣卓蘭農權會，由許清復、蔡松秀等人深入基層，成員包括詹志達、詹益偉兄弟，陳中和、詹玉淮、詹顯欽、詹永光、葉崑能等。4月1日，在卓蘭鎮相當偏遠的坪林地區，舉辦了一場座談會，吸引了近百位農民參加，反應非常熱烈，這種場面，打破歷年紀錄。

　　負責苗栗的林豐喜、陳文輝議員等人，正以座談會、說明會的方式，向苗栗縣其他鄉鎮發展農權阻織。南投縣農權會在集集林長富帶領下，參與的鄉鎮已超過八個，正在繼續向其他鄉鎮擴展中。

　　彰化縣則有游國相、張正雄、萬順金、張正偉等熱心人士努力開拓，並得到翁金珠服務處的支援。

　　雲林縣由林國華為首，包括邱鴻永、鄭朝正、張邦彥等人，籌組

4.26 行動中的苗栗農權會
（曾文邦攝）

4.26 行動中的雲林農權會
（邱萬興攝）

4.26 行動中的嘉義縣市農權會（曾文邦攝）

「雲林縣農權會」，預定4月10日正式在虎尾白宮戲院成立。當晚將在虎尾高中舉辦說明會。林國華表示，目前已有一千人申請加入。另一個則是由張豐吉、李文平等人，計畫4月26日在虎尾、27日在莿桐、四湖等地舉辦說明會，打算另籌組「濁水溪農權會」，雲林農權會鬧雙包，兩股人馬勢如水火。

嘉義地區以許能通、何金松爲首，包括林哲申、黃尙文、林清聞等人，已召開兩次籌備會，也即將正式成立。

最晚加入的臺南縣農權會，發展迅速，4月2日成立，4月中旬已排定四場說明會。主要推動的人有黃太平、陳來助、陳進益等。

高雄縣主要推動者爲曾是政治犯的李旺輝。在美濃、旗山地區，3月底起，已有一連串的組訓，連有媽祖婆之稱的縣長余陳月瑛也很支持，呼籲農民爲自己站出來爭權益。

農業大縣屏東，主要推動者是麟洛的馮清春與里港的李登陸。4月6日起，將展開密集的組訓工作，第一站選在萬巒，比較特別的是，農權會聯絡處就設在邱連輝的服務處。

遠在東部的臺東縣，最主要的推動者是在臺東農會工作的詩人詹澈及張甲長服務處。4月2、3兩日，已辦過兩場組訓。

率先成立、發動農民12.08抗議遊行的山城農權會，正在開拓臺中縣另外兩大區域大屯區及海線成立農權會。

農民運動的本質是農民意識的覺醒，認清臺灣的內外環境，體悟農民在國民黨政策下，自身所處的地位，透過一次又一次的抗爭，向執政當局施壓，拿回農民自主的權利，各地區農權會蓬勃發展，正朝向組織化大步向前。

峨眉農權會成立

新竹縣農權會第一個地方組織峨眉農權會，4月5日在偏鄉的客家村落峨眉鄉成立了。全鄉人口僅八千的峨眉，成立當天，包括果農、茶農、稻農，共三、四百位農民出席，聽完說明會，當場有高達八成的農民加入農權會，其中不乏體制內的鄉公所、農會幹部。農民權益意識日益高漲，讓熱心推動新竹農民運動四處奔走的黃邦政、黃文淵、賴金南、黃興東相當振奮。

4月5日，上午8點，在峨眉鄉公所大禮堂舉辦說明會。黃興東家三兄弟全員出席，連三位太太都出面協助大會的文書、接待等工作。8點半，現場已湧入三、四百位農友，這可是峨眉有史以來，最大的場面。黃邦政、陳秀賢、工黨的蘇慶黎、蔡建仁、遠從山城東勢特地前來的王昌敏都一一上臺演講，連鄉長黃子能（黃興東的叔叔）都到了，場面十分熱烈。

下午正式召開成立大會。選出九位理事：黃興東、黃瑞榮、黃堯衡、黃琳炎、郭光熙、劉福助、何禮正、鍾德富、梁紹維，由黃興東當選理事主席。三位監事分別是黃春日、郭宗鄰、洪進岳，由黃春日當選常務監事。會中並推選黃瑞榮擔任執行長。

峨眉鄉農權會的成立，讓新竹農運發展，又往前跨出一大步。

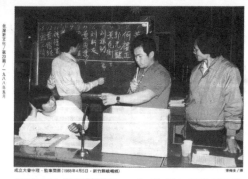

峨眉農權會開票情形（臺灣新文化第 20 期）

接下去的成立大會，絕大部份農民自願參與，會中並票選出黃興東、黃春日為頭、監事主席，黃瑞榮為執行長，其餘的理監事分別是理事：劉福助、黃琳炎、郭光熙、黃堯衡、黃瑞榮、梁紹維、何禮正與鍾德富，監事：洪進岳與教宗鄰。

在整個籌備過程中，高憲清理事長出力不少，組織章程、標語等，都出自他的手筆。

原本隔日（六日）要成立的芎林鄉，由於地方感受到國民黨的脅迫，有意抵制，幾位主要的幹部黃邦政等人鳥獸散起見，乃決定延至十日，用這幾天好好衡制一番。經過大力的部署與努力，十日的成立大會來了近三百位農民。「很不巧，連下了好幾天的雨，今天剛放晴，大家都忙著晒酒西農藥，否則會有更多人來。」黃興東說。

下爐日揉——橫山鄉

十日的成立大會，鄉長、農會總幹事、民索「特務」站主任都主動參與。陳秀賢、恭建

仁、呂昱、張富忠、林豐喜等人也趕來祝賀。會中發生了一段挿曲，民索「特務」站主任朱榮土非常不滿相，富場用客語指著陳秀賢等人波：「他們是有心份子，農民要小心，不要被利用了！」一旁的黃興東氣不過，馬上反擊，指著朱榮土破口大罵，全場農民以掌聲支持黃興東的勇氣，朱榮土一時灰頭「土」臉，臉色鐵青，一冒不涺直至會議結束。

為了平衡地方派系及各村落，主辦單位事先擬出一份推薦名單，獲得在場農民的支持，這份名單經大家討論後終於定案——理事：彭錦然、蔡有武、何礶城、賴金南、范揚賢、黃邦政、田仁遠、雷聲來、陳石淳、翁勝春、張瑞鵬、黃榮清，由黃邦政出任理事主席；監事：蘇仁雄、徐正禮、劉邦瑛、黃鴻達、范揚泉，由范揚泉出任監事主席；執行長由黃文淵擔任。

黃邦政表示，下個目標是橫山鄉，在全縣各鄉成立半數以上後，再考慮成立新竹縣農權會。

芎林農權會成立

　　新竹縣第二個地區農權會芎林農民權益促進會，於 4 月 10 日召開成立大會，有近三百位農民到場參加。當場加入農權會的農民高達 250 位。林豐喜、陳秀賢、蔡建仁、張富忠、呂昱等人，特地到場祝賀。

　　根據黃邦政表示，很不巧，接連下了好幾天的雨，今天剛放晴，農民都忙著噴灑農藥，否則會有更多農民來參加。

　　芎林農權會原本預計 4 月 6 日要成立。由於地方派系受到國民黨的脅迫，有意抵制，經黃邦政、賴金南與黃文淵等多位幹部商量，為了慎重起見，決定延至 10 日成立。一早，鄉長、農會總幹事還有民眾「特」務站主任朱榮土就到了。朱榮土致詞時，竟然用客語指著陳秀賢等人說：「農民要小心，不要被有心份子利用了！」一旁的峨眉農權會會長黃興東，氣得指著朱榮土破口大罵，得到全場的掌聲，朱榮土灰頭土臉，尷尬的坐到會議結束才離開。

　　為了平衡地方派系，主辦單位事先擬了一份推薦名單，經過一番討論，名單如下。12 位理事：彭錦然、何蘊城、賴金南、翁錦春、張瑞鵬、黃榮清、葉有武、范揚賢、田仁遠、黃邦政、陳石浮、雷聲來，由黃邦政擔任理事主席。5 位監事：蘇仁種、范揚泉、劉邦琰、黃鴻達、徐正禮，由范揚泉出任監事主席，黃文淵擔任執行長。

　　黃邦政表示，接下來第三個成立的目標是橫山鄉，打算全縣過半鄉鎮都成立後，再考慮成立新竹縣農權會。

　　新竹縣人口不到 40 萬，其中農業人口就高達 18 萬，隨著峨眉、芎林農民權益促進會順利的成立，四十多年來，一向被視為「黨外沙漠」的新竹縣，動起來了！

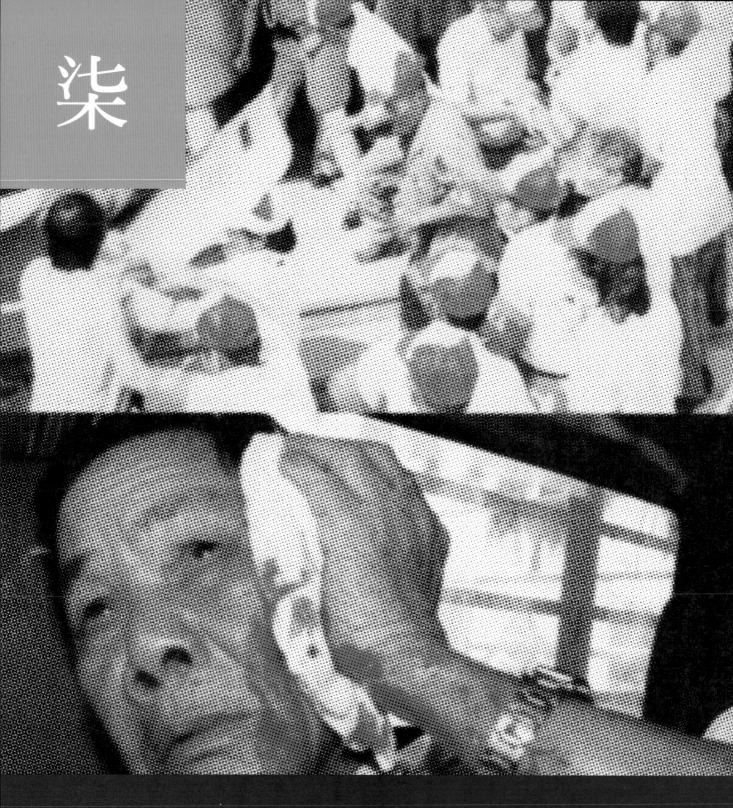

柒

5.16農運：

公保勞保保透透，唯獨農民是棄兒

一、5.16行動

　　爲了呼應高雄縣長余陳月瑛要求省政府編列預算，讓高雄縣在當年7月1日起，全面實施農民保險，5月16日，立法委員余政憲、省議員余玲雅帶領五百多位高雄縣農民，在得到新竹、臺中、彰化、雲林、嘉義、臺南、高雄、屏東等地區農權會支援，由「臺灣農民權益促進會聯盟」籌備會召集人林豐喜擔任總領隊，千餘位農民來到了南投省政府請願。

　　5.16當天，除了應高雄人稱「媽祖婆」縣長余陳月瑛之邀，擔任總領隊的林豐喜之外，三天內動員各地區農民參加，並親自趕來省府聲援的人還包括：

社運工作室：陳秀賢、黃志翔
新竹農權會：黃邦政、黃文淵、黃興東、賴金南
山城農權會：王昌敏
彰　　　化：張正雄
南投農權會：林長富、林順東、莊志傑
雲林農權會：許能通
嘉義農權會：陳錦松
臺南農權會：黃太平
高雄農權會：宋吉雄
屏東農權會：馮清春、曾秋梅

省府高層避不見面

　　未料省主席邱創煥、農林廳長余玉賢雙雙躲到臺北，避不見面，連原本在省府召開的省府委員會議，也移師臺北，空城以對，還擺出鎮暴警察大餐款待，讓憤怒的農民，血濺中興新村。從白天抗爭到黑夜，省府有條件同意高雄縣政府自7月1日全縣辦理農民保險。如同意相同條件下，其他20個縣市，亦可提前比照高雄縣，全面辦理農民保險。

　　當天上午8點，通往省政府前一百公尺的路上，已架起鐵絲網拒馬，警方已完成部署，好整以暇等待請願隊伍的到來。

　　上午10點，遠從高雄縣來的農民，搭乘12輛遊覽車率先抵達。三天內緊急動員的各地區農權會農民，在10點半紛紛集結。10點45分，雙方在拒

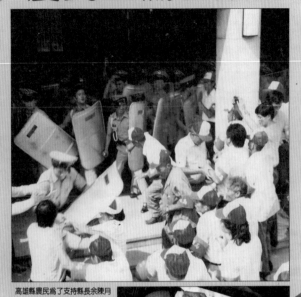

農民血濺省政府

高雄縣農民為了支持縣長余陳月瑛，在今年七月實施全面農保，五月十六日，在全台農民聯盟籌備會的支援下，齊至省政府向邱創煥抗議。未料竟演變出血濺省政府的慘劇………。

5.16 行動，農民血濺省政府（民進週刊第 66 期）

身歷其境

省農林廳
讓步了

農民血濺
省政府

5.16 在省府前的抗爭（李梅金攝）

馬前對峙。中興分局長方智喧舉起警告牌要求解散。站在指揮車上的林豐喜說明，今天是溫和的請願，不要刺激農民。雙方僵持了20分鐘，經過溝通，警方退守省府主席辦公大樓，農民自行搬開拒馬，並派出19名代表，由余政憲、余玲雅帶隊，走進省府大樓。誰知又遇到第二道警力阻擋。屏東農權會、本身也是雞農的馮清春老師，大聲叱責，警方才心虛，讓代表們進入省主席會議室。

農林廳主任秘書徐茂樟出面接待，畏畏縮縮應付，也無意主持會談。來自嘉義農權會的許能通，憤而踏上主席臺，高聲說：「今天省主席是許主席喔！」引得現場一陣笑聲，還說「許主席好！」尷尬的主任秘書只好上臺說明。30分鐘的會談，毫無進展。代表們認為省府毫無誠意，憤而退出會議室，代表們走回拒馬處。

唯獨農民是棄兒

林豐喜、陳秀賢再度上了指揮車，突然一聲令下，車隊人馬長驅直入開向省府大樓。原先部署在省府大樓裡面的數百位鎮暴警察，立刻衝出來圍堵。抗議群眾索性拿起麥克風，痛罵官員避不見面，毫無擔當。農民也上臺陳述公保勞保保透透，唯獨農民是棄兒，呼籲全面實施農民保險。林豐喜也要求，下午2點半前，邱創煥、余玉賢、李厚高三人，要有一人出面，揚言屆時攻占省府大樓，埋鍋造飯，長期抗爭，一切後果由省府自行負責。放完話，雙方暫時休兵。

林豐喜還刻意大聲請在地的農運幹部，馬上聯絡熟識南投辦桌的師傅，先準備鍋碗瓢盆、魚肉菜飯等，下午一定要送過來。省府的人趕緊表示善意，願意開放廁所給農民使用。眼看日頭赤炎炎，農民也提開水給現場的警察解渴。最後還聊起天來，只聽到有警察說：「我家也是做農。」

2點半，行動總聯絡陳秀賢正重整隊伍，見三輛滿載鎮暴警察的車輛，開進省府大樓，立刻以大軍壓境之勢，向陳情隊伍逼近。頂著大太陽，雙方火氣直線上升，衝突一觸即發。此時，突然一位臂章1311的警察衝出隊伍，揮舞警棍，向農民攻擊。一時場面混亂，雙方一陣推擠，大打出手。農民以旗桿對抗警棍盾牌。首先衝出來的警員，突衝向圓環邊，朝著一位老農民朱財福打下去，一時血流滿面。憤怒的農民，將該名警員團團圍住，將他架離。隨即將朱財福送往草屯博愛醫院縫了十針。警方也聲稱七名警員受傷，送至中興醫院療傷。多位農民血濺中興新村，但見地上散落著盾牌、警棍、警帽。

農林廳副廳長許啓祐見大事不妙，當場宣佈已通知廳長余玉賢從臺北趕回，要求農民到中興會堂等候。林豐喜遂將群眾搭車帶往中興會堂。

省府提出三條件

下午6點15分，余玉賢在警方護衛下趕到現場，久候憤怒的農民，看到戴帽子的，立刻大

5.16 農民在省府前抗爭，警方嚴陣以待
（稻草人基金會提供）

喊「警察滾出去！」陳秀賢開口說：「農林廳長是農民的，他的安全由農民來負責。」余玉賢最後在南投縣警察局長李永昇的陪同下，向農民表示，高雄縣政府於今年7月1日起，將全面開放辦理農保，農林廳樂觀其成。並當場宣佈省主席邱創煥正從臺北趕回來省府的途中。

主秘徐茂樟補充說明，省府在下列三點原則下，同意高雄縣政府提前於今年7月1日全縣實施農保：

1）由今年7月1日起至明年6月30日止，一年內，高雄縣17個鄉鎮農民參加保險，中央及省負擔的40%保費，由縣府補貼。
2）在上述期間內，17個鄉鎮農保如發生虧損，由縣政府負擔。
3）勞保局因辦理上述農保，增加的事務費由縣政府撥支。

其他20個縣市，如同意上述條件，亦可提前比照高雄縣辦理。

余玉賢也說明：省府同時會將高雄縣政府已報省府的「高雄縣農保暫行要點」退回，待縣府依上述要件修正後報省府，省府向行政院報備後，由今年7月1日起實施。

對於省府的三點原則，尤其是要農民負擔60%，林豐喜及在場農運幹部相當不滿意，但是瞭解要通過全面實施農保的法案及保費分配，戰場在立法院。既然達到余陳縣長的心願，天色已晚，路途遙遠，還是讓農民安心回家吧。

從白天到黑夜，在國府威權統治40年來，來自全臺灣的千餘位農民，爭取全面辦理農民保險的濺血抗爭，總算有了初步的成果，臺灣農民的權益向前踏出第一步！

與邱創煥直接談判

邱創煥趕回來省府已經很晚了，林豐喜與他直接談判。

林豐喜表示，農民一輩子風吹日曬、任勞任怨，養活了我們，怎麼可以有義務沒權利，這樣不對，農保一定要保，否則怎麼對得起辛苦做農，養我們長大的父母。邱創煥才說，中央政府沒有編預算。

林豐喜堅持無論如何先撥再說，邱創煥答應再跟中央商量，並說省政府這邊要撥一點是有辦法，但是這麼龐大的經費，他無法這樣支出。林豐喜認為，農保的事，邱創煥是贊同的，也有努力去爭取、協商。

林豐喜跟農運幹部說，邱創煥出身彰化田尾庄貧農家庭，苦學成功，晉身官場，跟我們一樣，不都是農家子弟嗎？

2020年7月2日，邱創煥以96歲高齡辭世。從那一晚商談農保到邱創煥過逝，32年間，林豐喜與邱創煥再無過從。當天，也已經71高齡的林豐喜，特地在臉書為文悼念，感謝邱創煥在農民運動時代，對於農民保險的事，所做的努力。

二、5.16之後立法院 對農民保險的協商

　　對於5.16當天省政府農林廳的三點原則，其中農民保險保費中央及省負擔40%，農民負擔60%，林豐喜表示堅決反對。他認為，農民負擔60%的保費，不叫農保，沒有意義，堅持主張農民的負擔最高不應該超過30%。幾位農權會的夥伴黃邦政、馮清春、羅逢春等，大家也曾經就農保的問題討論過，認為農民負擔的底線為30%，因為軍公教才12%、勞工18%。為此，林豐喜特地到立法院與朱高正委員商談降低農民保費負擔的事，朱高正也非常認同。

　　8月份立法院政黨協調會時，就農保負擔的比率，朱高正委員向國民黨政策會洪玉欽委員要求，既然是農民保險的事，理當有農民團體代表參加，建議邀請臺灣農民聯盟籌備會召集人林豐喜參加。

　　之後，林豐喜加入立法院的農保協商。當時政策協商的立法委員，民進黨籍的有朱高正、許榮淑、許國泰、黃煌雄，國民黨籍的有洪玉欽、廖福本、曾永權等。

　　由於國民黨堅持農民負擔60%，經多次協商，國民黨願意退讓降低至45%，林豐喜仍堅持35%。到最後兩黨各讓一步，決定農民負擔40%。但曾永權提出的條件是，由國民黨提案。經民進黨參與協商者共同討論，認為在立法院國民黨仍占絕大多數的情況下，只要能達到全面辦理農保照顧農民的目的，面子總是要做給國民黨。最後同意由國民黨提案，民進黨連署。

　　但是林豐喜要求，中央政府應預先提撥十一億作為農保準備金。（因為當時農民保險尚未開辦，勞保局還沒有農民保險的基金。）等到全面實施農民保險後，應逐年降低農民負擔，五年之內，要降低到跟勞工一樣18%，並要求列入協商紀錄。

余陳月瑛堅持高雄縣全面辦理農保
前高雄縣財政局長、主秘林啓智，
農保細說從頭

依據「臺灣省農民健康保險暫行試辦要點」，民國74年10月25日起，高雄縣政府開始試辦農民保險。高雄縣27個鄉鎮中，只能挑三個鄉鎮先行試辦。當時全省大約有十分之一的鄉鎮，願意先行試辦。如澎湖只有一個鄉鎮，南投好像兩個鄉鎮。

當初為了減輕縣市政府負擔，大家都選農民比較少的鄉鎮。實施了半年，三個有實施的鄉鎮，農民們都覺得很好，因為看病不用錢。過去農民在山裡、田裡工作時，常常意外受傷，遇到感冒、小毛病時，捨不得花錢，又怕浪費時間，總是一直忍一直忍。實施試辦農保後，看病只要花點掛號費，就比較敢去看醫生，農民身體也比較好。

76年要再編列預算時，余陳月瑛縣長就要求省政府說，要不要全面來實施。省政府表示，效果還沒有檢討出來，要不就繼續試辦下去。按照去年的原則，又新增加三個鄉鎮。余陳縣長經常到各鄉鎮巡視時，很多農民都一直說，縣長妳都偏心，為什麼XX鄉鎮有農保，我們沒有，我們也是農民，我們也都支持妳的，為什麼只有他們有呢？農保那麼好，為什麼妳不趕快來實施呢？縣長說沒辦法，這是配合中央的政策。

當時，農保的經費，是中央40%，省政府30%，縣市政府20%，10%由農會或鄉鎮公所承擔。中央負擔的70%，中央又要省下來，如果中央乾脆都不實施，縣政府實在無力負擔全額。農民還是向縣長要求，那我們高雄縣自己來實施啦。

余陳縣長當時會要求農業局長、鄉鎮長、我和其他秘書去縣長公館溝通農保的事。我據實陳述，當時高雄縣的年度預算，還沒有到100億。本來三個鄉鎮試辦，一年負擔四千萬，如果全面實施，一年要花兩億，實在負擔不起。我建議縣長再忍一下，看中央，試辦頂多再一次而已，應該會全面實施。

余陳縣長嘆口氣說，不行啦！明年三個鄉鎮要怎麼選？農民反應這麼好，怎麼還不實施，還要試辦？根本就是省長在拖延。當時都是省長跟縣在溝通，中央都說，只要縣跟省溝通好，中央就配合。溝通了好幾次，余陳縣長每次都說：「這麼好的政策，中央不做，我也要做。」

77年要編78年度預算時，縣長就說：「局長啊！無論如何一定要編到夠。78年底就要競選連任了。三個鄉鎮叫我要怎麼選啊？」

縣長這麼執念，我只好回去省政府，向財政廳的長官報告。他說，你們是在急什麼？反正還要再試辦一次，之後反正會全部開放，再等一年嘛。我說，縣長很堅持，照顧農民是她的初衷。廳長說，所以我們省也盡量配合。

廳長接著問我：「先行全面實施，經費你們負擔得起嗎？」我說盡量，當然希望省政府能補助是最好。他說，如果你們堅持要實施，不但經費我們沒有要繼續補助，甚至你們其他的補助款，到時候我們也會相對扣起來。我知道，這當然是一種手段，逼我們知難而退。廳長說，你是我派

高雄縣長余陳月瑛（邱萬興攝）

去的，是希望你去那裡要顧好，不能有赤字，如果每個縣市都有赤字，是要怎麼運作？我向廳長報告，余陳縣長非常堅持，也答應建設經費要減少。廳長回說，既然你們堅持要這樣，我經費無法補助，你們要好好考慮，我尊重你們。仍希望我回去跟縣長溝通，不差那麼一年。

由於余陳縣長堅持自 77 年 7 月要開始實施，我只好跟她說，建設經費要減少。縣長也答應了。

我們預算編列截稿是 4 月初，我最後跟縣長溝通，說建設要減少兩億。縣長說，她要競選連任，建設怎麼可以減少？反正叫農業局農保預算要編出來。我知道財政局一定要支持。最後，為了預算收支平衡，編貸款兩億多，把預算編平送議會。

議長可能接到中央的交代，不能支持這個預算案，把我叫去說，局長你怎麼做這個事？你要把預算編好。你編赤字，議會不一定會像以前一樣順利通過。我說，余陳縣長堅持好的政策要全面實施，我也沒辦法。尊重議會的審查，還是拜託議會幫忙。6 月初，預算案當然很順利通過。很多議員都是農家子弟，大部分都支持這個農民都說很好的政策。

77 年 7 月 1 日，高雄縣全面實施農民保險，農民帶著笑容，紛紛爭相走告，一下子就在每個鄉間傳開了！咱媽祖婆可不是叫假的！

報章雜誌爭相報導，連電視也都大幅報導，還請媽祖婆余陳縣長去做專訪呢！

所以啦！這就是 5 月 16 日高雄縣農民跟林豐喜他們農權會會跑去省政府抗議的原因。

「其他的縣市呢？」

「有一個民進黨的縣市，哪一個我忘了，他那時候沒編預算，常常動用預備金，慢我們一個月或兩個月，9 月也跟著實施了。」

「聽說省政府壓力很大，省主席後來有哭夭？」

「是啊！很多國民黨的縣市長下鄉都被問，為什麼你國民黨的縣市沒有實施？」

「省主席說，民進黨的縣市都實施了！」

「是啊！這樣下去我們國民黨都不用選了！」

註：本文感謝蘇福男記者、林神行導演提供採訪影音檔

捌

5.20農運：

二二八事件後最激烈的
街頭流血抗議

一、5.20事件

1988年5月20日，上午10點多起，來自高雄、嘉義、屏東、苗栗等地的遊覽車、卡車、宣傳車、小客車，一輛輛開進國父紀念館，不久，來自臺南農民權益促進會的四輛遊覽車，由會長黃太平領隊，也到了。接著由會長吳振棄動員的桃園農權會兩輛車來到，為的是參加5.20農民示威抗議遊行。主辦單位雲林農權會由林國華擔任總指揮，帶領千餘名農民，11點半才到達。聽說，還有不少遊覽車被阻攔在內湖交流道，而原本要上來的農機車，在當地就被警察攔阻，因此雲林的農民隊伍，還有許多人還沒到。

現場來支援的民進黨宣傳車，將音樂放得震天價響，許多第一次來到臺北的農民，好奇的在館內四處逛。近12點，總指揮林國華開始整隊，發現一部宣傳車沒有人帶頭，臨時請當天來插花、擅長演講的蕭裕珍負責，頭銜是副總指揮。

12點45分，抗議隊伍從仁愛路門口出發，前導隊伍由50餘位農村婦女組成，帶隊的是林國華的太太林黃富美老師。走在第一大隊最前面的，是當天行動的總領隊李江海和山城農權會的會長胡壽鐘，遊行隊伍長達一公里。一路上，林國華在宣傳車上，不斷宣講農民抗議的原因與訴求，同時不斷呼籲民眾，支持農民，加入遊行的行列。在南京東路口與林森北路口，中山分局長王郡帶領十多位警察擋在前面，要求隊伍改走林森南路，並舉出警告牌。不料，走在隊伍前面的幾輛機車直接向前衝，警方措手不及，慌亂中只得讓隊伍繼續前進。

遊行隊伍一路敲鑼打鼓，邀請沿途民眾一起加入遊行（余岳叔攝）

5.20 遊行隊伍在國父紀念館被警方阻擋（余岳叔攝）

遊行隊伍長達一公里，氣勢極為驚人（邱萬興攝）

前導隊伍由 50 餘位農村婦女組成，從國父紀念館出發（邱萬興攝）

5.20 農民運動由農村婦女踏出第一步（余岳叔攝）

拆下「立法院」的牌匾

2點10分，隊伍抵達立法院正門口。迎接他們的是齊集的鎮暴警察，一層又一層。第一大隊的李江海，看到有三十多位穿著短袖白襯衫、黃色短褲的人，撿了一些一片一片的石頭放在進門附近，還說：「是司機公會派出來要幫忙的。」李江海回了一句「你亂來！」來自嘉義、身背著交通隊長的許能通和另兩個農民，要求讓他們進入立法院上廁所，為警方所拒，副總指揮陳錦松說他也要去。有農民指責鎮暴警察不近人情，不滿「連上廁所都不行？」開始向立法院門內推擠，引起現場農民情緒激動。立法院裡面，不時有小石頭丟出來。霹靂小組不時從正門口衝出，見人就打，幾秒之內，多人受傷流血，炎熱的天氣，挑起農民的憤怒，先是把門前的大花盆砸碎，混亂中，正門的玻璃窗破碎。有三名民眾被抓進立法院。林國華拿著雲林農權會的旗子，對鎮暴警察說「限你們五分鐘內放人！」未果，隨即自行舉旗大步走向前去，來自南投的林長富跟在旁邊。兩人頭部都遭到棍棒痛擊，又被磚塊擊中，當場血流如注，立刻被送往臺大醫院急診。林國華頭部

縫了十針，林長富縫了四針。一位民眾右眼掛彩，一位攝影記者亂中耳朵被擊中，血流不止。一名現場蒐證的治安人員蕭國平與中央社記者黃朝順，被誤為便衣，混亂中遭到毆打，被民眾挾持，帶到總指揮車上，當時總指揮車上，站著的是胡壽鐘。

眼見總指揮受傷送醫、農民被抓，民眾非常激動。3點13分，來自高雄農權會的詹益樺，將立法院正門口上方「立法院」的牌匾拆了下來，引起一陣歡呼，掌聲如雷。這一幕前所未有的踢館行為，替臺灣農民積壓40年的怨氣總爆發。鎮暴警察退至大門玄關。不久，警方出動噴水車，朝民眾噴水，企圖將民眾驅離。

3點多，立法委員朱高正到現場安撫民眾，並進入立法院和臺北市警察局長廖兆祥交涉放人，沒有結果。3點50分，總指揮林國華從臺大醫院裹傷回到現場，與立法委員邱連輝、許國泰，再進入立法院內交涉放人事宜。此時鎮暴車及鎮暴部隊出現在青島東路，並緩緩的向中山南路推進。農權會與民進黨的三輛宣傳車立即開到路口，與鎮暴警察對峙。

林國華在宣傳車上宣講農民抗議的原因與訴求（余岳叔攝）

5.20 遊行隊伍在國父紀念館被警方阻擋（余岳叔攝）

抗議民眾與警方爆發衝突（黃子明攝）

「立法院」的牌匾被拆下（邱萬興攝）

「立法院」的牌匾被拆下（黃子明攝）

立法院前的第一波衝突，此時「立法院」牌匾
仍高掛著（邱萬興攝）

4點15分，林國華走出立法院，上宣傳車向群眾說明交涉經過。隨即將隊伍帶往國民黨中央黨部方向前進。到常德街口，路上早已架設拒馬、蛇籠，噴水車與鎮暴車已就位，鎮暴部隊亦已嚴陣以待。聞聲前來的民眾越來越多，有人在附近臺大醫院工地，撿拾石塊，朝警察丟去，警察也立即以水柱噴向民眾，強烈的水龍將民眾噴得毫無還擊能力，警方還將石塊擲向民眾。不少民眾因而受傷。還趁亂逮捕了九位民眾。警方更出動兩架直升機在空中蒐證。並封鎖所有路口，僅留徐州街讓民眾離去。

　　憤怒的民眾，將旁邊臺大醫院新建工程的鐵皮圍牆拆下，當成盾牌，將工地上的磚石塊丟向警方洩憤。且徒手拉開鐵刺蛇籠，仍不敵強烈的水柱衝擊，紛紛走避。民眾想轉回立法院，移動中，又有民眾被逮捕。期間，立法委員許國泰再度走到現場，試圖與警方協調。剛走到拒馬前，又是一道強烈的水柱迎面襲來，讓許國泰和陪同的民眾，全被沖倒在地。許國泰只好離去。繼續有民眾被捕。

鎮暴警察衝上指揮車

　　5點30分，遊行隊伍左轉忠孝東路，並在警政署前停下，宣傳車上傳出「這是警政署，國民黨的走狗，我們要他們把捉去的農民放出來。」連警政署正門旁「內政部警政署」的兩塊招牌，也被激怒的民眾拆下洩憤。

　　6點多，指揮車宣佈將往城中分局，要求警方釋放被捕的民眾。在隊伍通過行政院圓環時，聚集在中山南路上龐大的鎮暴部隊，組成方陣，不斷用警棍敲擊盾牌，由遠而近，逼近隊伍，衝散群眾，遊行隊伍被衝成兩段，指揮車遭鎮暴警察包圍，並且以棍棒敲擊指揮車。隨即衝向前段的遊行隊伍。群眾不斷找尋石塊還擊。衝突更加激烈，多次混戰。天橋上已擠滿了下班圍觀的民眾，不斷鼓譟。

　　6點50分，隊伍來到城中分局，鎮暴警察已圍堵在門口，還以木棍對向圍觀的民眾，民眾紛紛奔逃，現場一片混亂。7點10分，市議員謝長廷進入城中分局，協調放人未果。警方動用兩部水車以及鎮暴部隊，將民眾驅往臺北車站的方向。分局前一輛警用摩托車突然起火燃燒。

　　7點半，臺北市警察局長廖兆祥坐在鎮暴車裡，下達驅散令。強力的水柱沖散民眾，鎮暴警察衝上指揮車，總指揮車上林國華及蕭裕珍等人，被捉入城中分局。現場多人受傷。

憤怒的民眾拆下「內政部警政署」的兩塊招牌（余岳叔攝）

強烈的水龍將民眾噴得毫無
還擊能力（余岳叔攝）

指揮車在行政院前遭鎮暴部隊
包圍（邱萬興攝）

警方意圖扣下總指揮車，與
群眾爆發衝突（黃子明攝）

參加遊行的農民沿途發送蔬菜給臺北市民，背後的貨車被警方指控載運攻擊警方的石頭（黃子明攝）

被挾持的蕭國平趁機逃跑。抗議隊伍陷入群龍無首的混亂中。三部停在路旁的摩托車起火燃燒，很快被撲滅。附近商家紛紛關門，天橋上的民眾被強力驅散。

8點多，警方宣稱有重大發現，指蒐證人員在城中分局前面，由邱煌生所駕駛的菜車上，滿滿的白菜下，暗藏一卡車的石塊，認為此次農民抗議遊行，有預謀暴力。立即成為全國震撼的新聞。

8點9分，一顆汽油彈擲向鎮暴部隊。沒多久，又一顆汽油彈再度襲擊。8點10分，霹靂小組四人一組，將被逮捕的民眾帶到警政署，搜身後，送往市刑大。國大代表洪奇昌試圖溝通，沒有結果。8點15分，三、四十名北區臺大、輔大、中原大學生，來到城中分局前和平靜坐，隔開憲警與近兩百位抗議民眾。洪奇昌也出面安撫，要求和平。

9點，謝長廷、顏錦福陪同總領隊李江海向警方交涉，不料，李江海反而被扣押。

抗議持續到深夜

9點40分，警方喊話，希望民眾解散。但不被民眾接受。

10點10分，臺權會會長李勝雄律師到城中分局詢問被捕者狀況，不料竟被四名便衣毆打，背部嚴重瘀血，左腳小腳指骨斷裂。

10點半，警方調集兩個憲兵營的部隊和一個中隊的保安警察支援，準備驅散。

在城中分局前靜坐抗議的大學生，輪流發表

演講，要求鎮暴部隊離開，釋放被捕民眾。更要求和平。抗議行動持續到深夜。

12點5分，忠孝東路、中山南路口發生衝突，一片喧嘩，有鎮暴警察前往驅散。而情緒激憤的群眾，破壞公共設施及警方車輛、裝備。有兩輛警車遭燒毀。城中消防隊玻璃被砸破。忠孝西路電信局前的電話亭，全遭破壞。

12點50分，一輛轎車衝向鎮暴隊伍，車輛被擊毀，駕駛門劍秋被捕。

12點57分，男子林清淇騎機車從公園直駛城中分局，中途被攔截，從行李箱中，查出兩罐汽油，隨即被捕。

1點30分，廖兆祥站在鎮暴車上，以強力擴音器，下令現場民眾五分鐘內離開，否則將強力驅離。

1點35分，經過三次警告，警方下達強制驅離令。

鎮暴警察殘暴攻擊學生與民眾

鎮暴警察一擁而上，踏在靜坐的學生與民眾身上，棍棒如雨般的打下來，一陣痛打，學生閃避不及，只能雙手護頭。水車並噴水驅散天橋上的民眾。群眾四散奔逃。鎮暴警察完全失控，對和平靜坐的學生、民眾，施以殘暴的攻擊。一陣棍棒拳腳，林濁水及學生被捕。臺大法律系女學生王雪峯在這波驅離中，被嚴重毆擊，且遭逮捕。一位農民當場驚嚇昏迷倒地被送醫。也有民眾以石塊扔向鎮暴人員。

1點45分，立法委員朱高正、許榮淑、張俊雄、余政憲、王聰松、國代蔡式淵、市議員謝長廷、張俊宏分乘三輛計程車，趕至城中分局

遊行隊伍抵達城中分局，天橋上擠滿了圍觀民眾（邱萬興攝）

總指揮車上的林國華與蕭裕珍（余岳叔攝）

時，洪奇昌告知剛才警方踐踏學生並濫施暴行的事，朱高正義憤填膺指著站在分局前臺階的臺北市警察局副分局長王化榛，作孽必食惡果。

八名公職要進入封鎖區，卻遭現場圍堵的憲兵阻止。走在最前面的謝長廷帶頭衝撞，憲兵竟然將公職團團圍住，作勢要打人，朱高正、謝長廷、蔡式淵只好就地躺在地上抗議，方才解圍。經分局長答允，方得脫險進入封鎖區。

一千餘位民眾，聚集臺北車站前抗議。

2點50分，警方偵防車被縱火焚毀。

朱高正被打昏送醫急救

3點5分，警方下達第二波強制驅散命令，靜坐抗議群眾，再度遭棍擊驅散。人群四散奔逃中，二十多位民眾被捕。朱高正與其兄朱高輝在城中分局門口，見三、四名被捕的民眾，在大門口即被拳打腳踢，不斷高聲阻止說「抓人便罷，不要打人！豈可亂來？」出手阻止一名員警，質疑「你怎麼隨便打人！」不料那名員警竟出手摑了朱高正一掌，並說「立法委員又怎樣！」旁邊一名便衣隨即又補上一掌。朱高正正欲還手，被警員阻攔，四周警員及便衣竟一起鼓譟：「揍！就是朱高正才要打！」一群人拳打腳踢，還變本加厲用警棍揮擊。一陣毒打，朱高正倒地不起，頭破血流，眼鏡也破碎了，全身癱瘓奄奄一息。在一名警官陪護下，叫來救護車，將兄弟倆送醫急救。

3點到3點20分，密集進行逮捕行動。

4點15分，榮電工程車被拖到鐵軌上焚燒，致使火車無法行駛。新生報運報車被破壞。

4點20分，憲警沿著忠孝西路、臺北郵局，忠孝大橋、延平北路鎮暴，一路上仍大肆逮捕民眾。

4點40分，鎮暴警察深入群眾聚集的福星國小、開封街口驅散。

5點45分，一百多名示威民眾退至中華路、洛陽街口。路旁的機車被推至路中央焚毀。

6點10分，仍見鎮暴部隊，驅離示威民眾，水箱車開始滅火。

6點30分，警方撤回城中分局，民眾已散去。

6點40分，忠孝東路全線通車。

2.28事件之後，臺灣最激烈的街頭抗議、警民衝突流血事件，終於結束。此次抗議日後被稱爲「5.20事件」。

5.20事件，從5月20日中午12點45分出發，到5月21日上午7點，警方最後一次驅離，歷時19個小時。估計在期間內，現場參與的民眾近萬人。

註：本文參考「重現臺灣史」五二○事件

5.20事件餘波

5.20事件造成一百多人受傷送醫治療。由警方送醫急救計66人。近40人輕傷自行治療。有4位記者、2位學生、43位群眾受傷。警方多次採取大規模強力驅散行動，共逮捕120多名群眾，收押96人，19名大學生，直到隔日21日中午才獲得釋放。

透過電視與報章雜誌的大篇幅報導，5.20事件流血畫面，及警民衝突、警方強力掃蕩的畫面，帶給社會莫大的震撼。各界憂心忡忡。

「臺灣農民聯盟」籌備會於5月21日發表聲明，23日宣佈成立「5.20受難者後援會」，隨後與立法委員邱連輝、余政憲聯袂至土城看守所探視被拘押的民眾。

三百多位學者教授連署，發表「我們對5.20事件的呼籲」，要求司法公平審判。

海內外人權團體，指責治安單位反應過度，對現場民眾施加不必要的暴力壓制。

學生團體也靜坐聲援。

法院認爲5.20係重大治安事件，採速審速決原則。6月16日，「5.20事件」偵查終結。林國華、蕭裕珍等92人，被依違反集會遊行法，聚眾妨礙公務、妨礙自由等罪嫌起訴。農民團體是否預謀暴動的「石頭公案」，成爲爭辯的焦點。雙方各說各話。中央研究院學者許木柱教授主持的調查小組，在歷經三個月的調查後，發表「520事件調查報告書」，期以學術的公正客觀，釐清5.20的眞相。

當年底法院宣判林國華等人被判刑入獄，舉國爲之譁然。

民眾 21 日清晨在中華路燒東西抗爭（黃子明攝）

入夜後警方開始強制驅離群眾（黃子明攝）

警方強制驅離群眾，多位民眾在警方包圍下，受困臺北車站前人行道雨遮屋頂（黃子明攝）

警方 21 日凌晨開始強力驅散靜坐學生（黃子明攝）

5.20 判刑名單

被告姓名	罪名	刑期
林國華（首謀）	集遊法29、30條、刑法136條一項後段、妨害自由累犯	2年10個月徒刑、褫奪公權2年
蕭裕珍（首謀）	集遊法29、30條、刑法136條一項後段、妨害自由	2年10個月徒刑、褫奪公權2年
邱鴻泳（首謀）	集遊法29、30條、刑法136條一項後段、妨害自由	2年4個月徒刑、褫奪公權2年
李江海（首謀）	集遊法29條	6月徒刑（得易科罰金）
邱煌生	刑法136條第一項後段共同正犯	1年4月徒刑
溫界興、曾松義、王景唐、潘國清、葉良福、宋吉雄、魏木卿、李茂林、游 發、張信義、巫喜顯、陳茂雄、施 標、張正忠、柯瑞明、陳兩全、鍾延斌、廖欽雄、王金水、張再凱、吳宗融、蔡信雄、吳明田、鄧開方、黃正修、洪錫永、何曾森、蔡曜富、劉興東、黃崑山、黃炳煌、黃丁彥、王安邦、邱明宏、崔晶明、汪世平、江春奇、廖大富、林得發、魏早慧、汪添和、楊水勝、陳英俊、吳金泉、陳煌治、詹正文、李明憲	刑法136條第一項後段共同正犯	1年徒刑
林慧如	刑法136條第一項後段共同正犯	8月徒刑、緩刑3年
陳憲宏	刑法136條第一項後段共同正犯	1年徒刑、緩刑4年
林寶文	刑法136條第一項後段公然猥褻	1年徒刑50日拘役（得易科罰金）
黃進富、高有仁	刑法136條第一項後段、累犯	1年2月徒刑
李慈悲、張英一、陳天賜、程茂寅、洪巫幼、張善麟、陳泰隆、詹建福、侯福財、李漆榮、林宗耀、張江頓、楊進殿、吳阿森、藍家富、翁明志、徐坪輝	刑法136條第一項前段	5月徒刑（得易科罰金）
李逢雄、蕭大佳	刑法136條第一項前段、累犯	6月徒刑（得易科罰金）
林永德、林安全、卓瑞銘、黃嘉光、林清淇、門劍秋、蔡三波、鄭景和、李錦英、謝新進、李嚴文、林松村、洪順治		無罪

資料來源：「重現臺灣史」五二○事件

1988.5.21農民運動事件臺大學生記者會
（邱萬興攝）

5.20 事件受害學生記者會

5月23日，由臺大大新社及大論社在元穠茶藝館召開「5.20受害學生記者會」。各報記者都到場採訪。當天記者會由大新社社長徐永明及大論社社長張乃文主持。出席的受害學生包括王雪峯、黃偉哲、郭文彬、陳文治、陳啓昱、侯福義、吳坤松、許世傑、李藹芝等人。

現場有一位頭上縫了八針的臺大獸醫系四年級學生，因家庭因素不願具名。他敘述在被警方亂棒敲打血流不止時，幸好被一位記者拖上救護車。他說，「警察是穿著制服的暴民」。

郭文彬說，只有用悲慘可形容自己被捕的過程，警察還教訓他「大學生有什麼了不起！」

臺大農推系四年級的黃偉哲質問：「警察身為執法者，為什麼要對手無寸鐵的路人毆打凌辱？警察素質太差了。」

李藹芝十分激動說，她「深深感受到人權被藐視」。

王雪峯說：「被押往分局途中，不斷被拳打腳踢。在偵訊室看到有人想上廁所，警方不准。不小心尿出來，被警察猛揍一頓外，竟然叫那人把尿舐乾！」

陳文治說，他下午上完刑事課，和同學到現場加入靜坐，被警察拖離人群，就不斷被又踢又打，把他當成仇人般洩恨。還目睹偵訊室內，凡是有人開口講話，警察便抬起腿踢他的臉。

整天在現場參與農民請願的陳啓昱說，警方挑釁民眾，才造成一連串的暴力，認為警方處置不當，要負很大的責任。輔大學生侯福義說，他在立法院時，腳被石頭砸到，憤而到旁邊臺大工地撿石頭給民眾。他在現場遇到一位在海軍陸戰隊服役的學長，受上級指示到場觀察，假如現場發生事情，只要該名學長一通電話，部隊隨時有兩萬人來支援。這位學長，後來看到警察對學生殘忍施暴，當場兩人都哭了。他說：「這種兵可以不要當了！」

一位臺北工專的學生吳坤松，是在警察追人時，逃跑不及被捉到。警察還一口咬定他丟石頭。他表明自己是學生，證件被扣留才離開。隔天去分局，想要回學生證，卻沒有人知道。

臺大學生許世傑，兩膝以下被打得又紅又腫。他清楚看到鎮暴警察敲打盾牌，往前衝鋒陷陣時，兩眼露出敵對的眼神，讓他難過。

這是受害學生良心的見證！

學生界對 5.20 事件受害學生伸援聲明

一、對於學生主動參與社會弱勢團體之抗議活動予以肯定。

二、當社會悲劇可能興起之時，學生主動負起緩衝之角色，卻遭受無理暴力的攻擊，我們表示嚴重的關切，並對施暴者予以譴責。

臺大大學論壇　臺北醫學院抗體　臺大大學新聞社
中央大學怒濤社　輔大創造社　中原少中會

農民為了自救不得不走上街頭（余岳叔攝）

「臺灣農民聯盟籌備會」關於「5.20 事件」的聲明

全臺灣各地農民權益促進會與其結盟組織「臺灣農民聯盟」，針對 5 月 20 日國民黨軍警血腥鎮壓農民一事，茲發表我們的共同緊急聲明如下：

我們認為：

1. 由「雲林農權會」所主辦發起的「5.20 抗議行動」，其訴求乃是基於臺灣農民的立場，為爭取農民權益而發，其訴求目標是與「臺灣農民聯盟」一致的。因此，雖然「5.20 行動」並不以農民為唯一抗議主體，從而在抗議手段上與前此之農民抗議行動有所殊異，然而，我們堅信，雲林農權會確是站在農民的立場發言，為此，我們絕對支持雲林農權會的「5.20」行動。

2. 今日臺灣的農業問題是全面性的，從產銷問題以至於農產品進口問題，無一不是執政當局農業政策失當所導致的。對此，當局非但不思積極改革農業，卻反以種種分化、離間、中傷、壓制的手段來鎮壓農民的自救運動，這種種行為，都充分顯露出國民黨當局根本欠缺改革的誠意。我們認為，絕不能孤立地、個別地看待「5.20 事件」，相反的，正是在四十年的剝削壓迫之後，才會有類如「5.20 事件」這般的反彈。對此事件，國民黨必須負起完全的政治責任，並應針對採取高壓手段鎮壓農民的軍警單位與主事當局，追究其責任，以昭民信。

3. 主政當局對於臺灣人民的種種自救或爭取民主的行動，一向都慣常藉用司法為其壓迫的手段，以軍警單位當壓迫之工具這種作為，並已屢經人民之不齒與唾棄。在「5.20 事件」當中，我們再度見證了國民黨當局的這種一貫作為也正是國民黨有意藉用軍警暴力升高對立情勢，才是肇使事件嚴重爆發的最大主因。因此，我們在此除了徹底否定司法之公正性與軍警之中立性外，更要為司法與軍警淪為血腥迫害人民之工具，而提出我們最最嚴厲的譴責！

基於上述諸點，我們籲求：

1. 國民黨應即刻釋放被捕農民與其他無辜受難人士，以確實負起「5.20 事件」之完全政治責任。

2. 釋放行動務必於 72 小時內展開並完成，否則，農民聯盟將採取一切必要行動展開農民籲求民主的後援行動。

3. 我們要求執政黨當局與軍警單位即刻公佈受捕人士之名單與監禁地點，農民聯盟之幹部將代表全臺農民前往探視，以確保該等受難人士之基本人權不受剝奪。

4. 農民自救運動是臺灣農民在充分自覺之後的一股不可遏抑的怒潮，從「12.08」「3.16」「4.26」「5.16」乃至於「5.20」，一次次行動情緒的升高，一方面是反映出國民黨當局對紓解農業困境的欠缺誠意與無能為力；另一方面則反映出，臺灣農民終於站起來，為爭取被剝奪之權益而付諸行動了──站在歷史的這一轉捩點上，「臺灣農民聯盟」將繼續站在追求民主之立場上，為反壓迫、反剝削而戰鬥不懈。

「臺灣農民聯盟籌備會」成立 5.20 受難者後援會

繼 5 月 22 日行政院新聞局舉行的記者會後，「臺灣農民聯盟籌備會」也於 23 日晚間 7 點，在「陳林法學基金會」舉辦一場記者會。

會中，農民聯盟各主要幹部，包括召集人林豐喜、秘書長王昌敏、北區召集人黃邦政、南區副召集人馮清春等，強烈指責「5.20」當天憲、警越軌的粗暴行為，並要求憲兵首長及廖兆祥下臺。與會人士更強烈指控警方收押、偵訊過程種種違法。目前各縣市還有多位農民尚未返家，基於衝突現場鎮暴警察的殘暴經驗，農民聯盟籌備會幹部懷疑，是否有人已「死亡」，因而緊急設立北、中、南三區聯絡處，呼籲臺北市民共同配合積極清查未返鄉的農民下落。

農盟籌備會召集人林豐喜指出，整個衝突是憲、警單位惡意阻擋所造成的，晚上 7 點以後的暴力驅散，更是慘無人道的做法，絕非一般警察所做得出來的，一定有軍、憲人員介入。臺灣農民運動不會因為這個事件而停止前進，將持續在各鄉間做好扎根的工作。

農盟籌備會南區副召集人馮清春，於 5 月 23 日與立委邱連輝、余政憲聯袂至土城看守所探視受拘押的群眾。他在記者會中表示，這些收押的群眾，被逮捕時皆遭毒打，傷痕累累，目前頭部受傷嚴重及無職業者，都被禁止接見。整個偵訊過程，警方以逼供方式進行，筆錄也不給當事人過目，嚴重違法。農盟籌備會要求警方在 5 月 26 日前公佈被收押人的健康狀況，否則將自請醫師入內診治。

北區副召集人黃邦政則表示，農盟籌備會已成立「5.20」行動受難者後援會，設有宣傳組、財務組及律師團。由於雲林農權會主要幹部皆被拘押，農盟請企劃組陳秀賢於 5 月 24 日起到雲林農權會協助處理各項事務，並儘速建立受難者及家屬名冊、資料，予以醫療及生活補助。

農盟籌備會秘書長王昌敏指出，執政當局不可假借「5.20 事件」推脫農業政策的失敗，應向高雄縣政府看齊，於今年 7 月 1 日起，立即實施全面農民保險。農業博士李登輝總統就職已六個月，卻未提出任何改革農業的方案，與其一再強調關心農業的說法，實在令人懷疑。當前農民在身份證上登記為自耕農非常困難，對於國民黨一再歪曲被捕農民為假農民，農盟表示強烈抗議！

在「5.20」當天，因受副總指揮蕭裕珍之夫謝明達之託，前往城中分局的李勝雄律師，也說出當天被毆打的經過。

李勝雄說：「我掛律師證在左胸前，霹靂小組們仍邊打邊搶我的證件…。後來我去跟王化榛講警察對我施暴，他卻回答：今天無故被打的人很多。民眾打警察，檢察官就要嚴辦，警察打民眾，檢察官卻說沒看到，自李登輝以下的官員，一直說要嚴懲，顯然已干涉司法的獨立，毫無法治觀念。目前臺灣人權促進會已聯絡十五個律師組成律師團，將為這次被捕人員做辯護的工作。」

登記「5.20」當天失蹤人員的聯絡處如下：
北部—政經研究室　　　　（02）3516903
中部—東勢農民服務中心（045）870332
南部—雲林農權會　　　　（056）320233

參加遊行的農村婦女揹著孫子，從國父紀念館出發，前往立法院請願（黃子明攝）

民進黨針對「五二〇農民示威流血事件」發表聲明

「五二〇農民遊行請願活動」爆發激烈警民衝突，民進黨主席姚嘉文五月廿一日上午在中央黨部召集緊急會議，聽取各有關方面報告，以瞭解事件真相，經共同交換意見後，並表示嚴重關切：

一、本黨認為，農民為爭取合法權益，發動「五二〇遊行請願活動」十分恰當，也表示過去政府立法、行政等單位未重視農民問題，此一合法請願活動不幸引發成流血警民衝突事件，我們表示十分遺憾！本黨基於一貫關心農民權益與和平改革的立場，對此次衝突極度關切，也呼籲全民都來關切農民問題。

二、本黨認為，農民面臨生存掙扎，迫不得已一再走向街頭，政府始終未以具體辦法解決，滿足農民需求，造成農民情緒日趨高昂，乃是昨日警民衝突的主要原因。國民黨及其所控制的大眾傳播工具，故意轉移農民抗議主題，把單純的農民運動扭曲為政治運動，並將出身農村的學生、市民及本黨農民身份的黨員之參與活動曲解為「假農民」、「利用農民」，此完全是國民黨政府蓄意消滅農民的支持力量，達到其控制剝削的手法，本黨表示嚴重抗議！

三、根據本黨對整個事件的瞭解，此次警民衝突之所以擴大至不可收拾的地步，負責指揮的治安首長決策錯誤、處理失當，應負最重大的責任，在衝突過程中，國民黨一再利用便衣人員、身份不明者及右傾團體份子，假冒農民混入農民運動隊伍中，製造事端，再運用栽贓手法，作為警察濫施暴力的藉口，無端毆打、逮捕純樸農民、旁觀市民、採訪記者、人權律師和負責疏導的民意代表，乃至於純潔的在場勸導和平的學生

都遭受憲警毒打逮捕，警察如此濫用公權力，對民眾施加暴力，應受最嚴重譴責！

四、此次警民衝突中，警方基於一向仇視民眾的心態，大肆濫捕，人數多達一百餘人，後因發現引起民眾強烈反感，自知手段過當，始釋放部分民眾與學生，而仍扣押國民黨政權一向視為眼中釘的民主運動人士，其意在藉機剷除異己，打擊反對運動實甚為明顯。

五、大眾傳播媒體於每次衝突事件之報導，皆刻意強調治安人員之受傷情形，但對於手無寸鐵，又無護具防身的善良人民所受警察施暴受害的悲慘，常故意忽視或淡化，長期累積的結果，造成受害者或瞭解真相者心理不平，徒使群眾運動趨於惡化。我們呼籲傳播界應發揮新聞道德勇氣，客觀報導事實，以免助長軍警暴力，昇高警民對立的態勢，使全體社會受害。

六、本黨對於此次受傷的農民、學生、記者、市民及黨員同志表示慰問關懷，並要求有關當局追究處置失當、違法濫權的治安首長之行政與法律責任。同時立即釋放所有被捕者，以免事態繼續擴大惡化。

七、本黨支持農民運動的一貫態度絕不因此次衝突事件而有所改變，本黨不坐視農民運動的挫折，今後本黨除繼續全力支援農民運動外，如農民有需要，本黨隨時考慮接辦農民運動，為廣大農民爭取應得權益。

民進黨「5.20 事件」全國說明會

為因應 5.20 事件的後續發展，民進黨在 5 月 23 日中常會上決議，由該黨文宣部負責蒐集、整理有關現場錄影、照片及各項報導，並協調臺灣人權促進會受理民眾登記衝突事件遭憲警毆傷情形。此外，將於全國各地方黨部舉辦「5.20 事件」說明會，向社會大眾澄清事實，說明真相：

5 月 28 日　下午 7 點　臺中清水紫雲巖
5 月 29 日　下午 2 點　臺中市體育館
5 月 29 日　下午 7 點　新竹市天公壇
5 月 29 日　下午 7 點　臺北縣明志國中
5 月 30 日　下午 7 點　臺南關廟山西宮
6 月 1 日　下午 7 點　斗南順安宮
6 月 1 日　下午 7 點　大甲
6 月 1 日　下午 7 點　豐源國小
6 月 1 日　下午 7 點　臺北士林廢河道
6 月 2 日　下午 7 點　中和運動場
6 月 3 日　下午 7 點　員林
6 月 4 日　下午 7 點　北港南陽國小
6 月 4 日　下午 7 點　高雄市
6 月 4 日　下午 7 點　新營體育場
6 月 4 日　下午 7 點　永和網溪國小
6 月 5 日　下午 7 點　新莊國小
6 月 5 日　下午 7 點　臺南市體育館
6 月 5 日　下午 7 點　鳳山國父紀念館
6 月 6 日　下午 7 點　高雄旗山體育館
6 月 7 日　下午 7 點　新店大豐國小
6 月 8 日　下午 7 點　嘉義市體育館
6 月 9 日　下午 7 點　土城清水國小

二、5.20事件後
各地農權會狀況

由於5.20行動，是由雲林農權會主辦，所有的行動規劃、指派，也由雲林農權會主導，因此臺灣農民權益促進會聯盟籌備會，並未下達動員令，而是由各地農權會自行決定動員與否。

桃園農民權益促進會

桃園當天沒有人受傷。桃園農權會是由會長吳振棠帶隊，動員四輛遊覽車上臺北。每輛車都有先指定車長。有些人自己開車或坐車上去。吳振棠自己也開一臺車上去。到立法院後，吳振棠一個人先進去立法院，竟然看到有個阿伯上完廁所，一出來就被警察打，剛好看到桃園出身、在立法院當助理的鄭寶清，是鄭寶清帶他出去。立法院旁邊的臺大醫院還是工地，有一些石塊在工地。有些民眾可能看到民眾被打，情緒比較激動，就地取材拿起來回丟警察了。立法院的玻璃破掉，吳振棠認為是裡面的警察先打破的。可能是怕農民丟石頭打破會受傷，自己先打破，然後嫁禍農民。6、7點衝突變劇時，吳振棠的隊伍，還在中山北路這邊。吳振棠在衝突加劇、場面混亂後，讓桃園的遊覽車先帶隊回去，他自己才開車回中壢，已經凌晨1點多。回去之後，有打電話確認大家都平安。吳振棠說，

5.20農運中的新竹市農民（邱萬興攝）

他是帶隊的人，當然要留到最後，確認隊友都離開，才能離開。

新竹縣農民權益促進會

在這次5.20行動，新竹縣農民權益促進會並未強力動員，僅派兩輛車的幹部北上去支援與觀摩。5月20日，上午8點多，幹部正要開車出發時，竹東分局的人員，即擋住去路，一再勸阻黃邦政、黃興東等人。甚至開始記錄車牌號碼及參加人員。一直僵持到10點多，幾名幹部決定放棄。警員離開後，對於警方無理阻撓非常氣憤的黃邦政、黃文淵幾個人，依然開車北上。

5.20 農運中的卓蘭農權會（余岳叔攝）　　　　　　苗栗縣農權會（邱萬興攝）

主張農民抗議要慢慢操兵、越來越擴大的黃文淵說，當晚回來，看到竹東兒童樂園已經有人辦演講聲援，還義賣要籌錢。黃文淵表示：「你們要這樣子強勢搞，我們新竹不要。還被你們認為新竹沒懶趴！但我們知道，這樣子搞下去，就被你們搞掉了！搞一次爽，以後你就動不了農民了。這不就應驗了之前黨務系統情治單位各種包圍、恐嚇、威逼、利誘的說法。我們一次一次去，都沒有出事。」

看到5.20發生這麼大規模的農民流血事件，黃邦政內心非常沉痛，當下與全臺農運幹部聯絡，認為應展開救援工作。

對於國民黨政府血腥鎮壓相當不滿，表示，如果不正視農民抗議的問題，解決問題，下一次誰知道在什麼時候會爆發更大的抗議！

被問及5.20是否會影響農運的發展，黃邦政認為，短期內當然會有影響，但是新竹農權會著重在基層扎根組訓的工作，相信大家能熬過這段艱難的時刻！

苗栗縣農民權益促進會

在苗栗卓蘭一手推動農權會組織的果農許清復，5月20日是到民進黨中央黨部結「民進報」的帳之後，上午10點多趕去國父紀念館，與由卓蘭農權會動員的一輛遊覽車四十餘位農民會合。下午5點時，在要轉往國民黨中央黨部途中，從擋在前面的鎮暴警察方向，飛來一塊磚

大的石頭，擊傷他的額頭，血流如柱，到臺大縫了六針才止血。因為受傷，只好提前回卓蘭。「國民黨這樣對待農民，我是一定反到底的啦！當然會繼續！」許清復說。

臺中縣山城農民權益促進會

5.20當天下午，山城農權會有三位農民在警民衝突中，被棍擊掛彩，其中一位詹姓農民被擊昏，數小時後才清醒。

王昌敏是自己開車去國父紀念館集合的。他走在中間，遊行隊伍前面，都是雲林農權會的人。大約6、7點就開車回家了。身兼臺灣農民聯盟籌備會召集人及許榮淑臺中縣服務處總幹事的林豐喜，在朱高正、許榮淑等多位立委的幾次「強烈警告」，說這次上面已經下令，「只要林豐喜露面，就抓人」，紛紛表示「你想想，你要是進去，農民運動以後誰擔得起來？」經與馮清春老師、陳秀賢等討論後，決定不上臺北。5.20前一晚，民進黨臺中縣黨部在新社舉辦「國會全面改選說明會」，當晚11點，林豐喜告訴也在現場的胡壽鐘說，一定會鎮壓，還是不要去臺北。胡壽鐘因為有人告訴他，東勢有30多位農民，當晚就已經上去了。他當下決定連夜上去臺北。

5.20遊行時，胡壽鐘是與雲林農權會總領隊李江海走在隊伍的最前面。走到中山陸橋時，遠遠就看到立法院前面已經打起來了。大家趕緊跑過去，在立法院門前，看到原本在總指揮

5.20農運中飄揚的山城農權會旗（余岳叔攝）　　南投農民權益促進會（稻草人基金會提供）

車上的林國華，已經受傷了。胡壽鐘就上了總指揮車，接替林國華。有兩個警方的人被抓過來，有憤怒的農民要打他們，胡壽鐘說：「人到我車上，我負責。」後來他告訴警方人員，有機會就跑，後來就跑走了。

林國華包紮後，3點多回到總指揮車，由他繼續指揮。在往國民黨中央黨部路口就被封鎖了。胡壽鐘說警方噴水柱時，水柱噴到身體會癢，聽說卓蘭領隊許清復被石塊打到頭受傷流血，胡壽鐘發現有水泥石塊跟著噴水柱出來，導致很多民眾受傷。當時他吩咐也在指揮車上的林慧如說，妳不要下去，下去會被打，林慧如說不會，結果下車就被打了。

深夜12點多，林國華、蕭裕珍都被抓進去分局了，李江海跑去自首，也被抓進去。胡壽鐘與學生在城中分局的前面靜坐、演講，有些學生在農村生活營有認識，最後鎮壓前，他與學生手拉手坐在第一排，鎮暴警察在後面約100公尺。坐在第一排到第三排的人反而沒事，警方踏過他們身體驅散群眾，後來他們被水柱沖散，學生被抓。一位東勢農友李文龍，被鎮暴警察追到附近咖啡廳的二樓。

胡壽鐘和另一位農民全身濕透往臺北火車站走，遇到朱高正等人，胡壽鐘對朱高正說：「你去沒有用，會被打。」朱高正不相信，說他是立法委員，還是去城中分局，後來被打到重傷昏迷，送去急救。胡壽鐘找了戶人家借水喝，

對方還借衣服讓他換，待到天亮，才坐車回東勢。

回到家，馬上收到通知，臺灣農民聯盟要成立救援組織，只好再北上。5月21日下午，農盟召開5.20事件記者會，發表聲明並要成立救援組織。5.20之後，大部份媒體，一面倒不斷醜化農民運動。林豐喜、陳秀賢、王昌敏等一起開會，王昌敏說，參與農權活動的人，越來越少。林豐喜認為，經過5.20，農民嚇死了，往後很難叫他們出來，農運可能就瓦解了。但是，大家都認為，農民聯盟還是要繼續組下去。

南投農民權益促進會

一手推動南投農權會的林長富，是農盟南投的聯絡人，南投沒有正式成立農權會。5.20之前，林長富有接到南投的立法委員許榮淑的電話：「長富，你千萬不要去參加，一定會出事！」當天，林長富還是開一臺幼稚園的娃娃車，載了十個人北上，都是五、六十歲的農民，大多是第一次參加遊行。結果，在立法院前，看到站在林國華旁邊的林長富，被砸到滿臉都是血，縫了四針。離開醫院後，林長富開車跟著一輛南部來的卡車，轉去城中分局抗議。鎮暴警察要衝的時候，敲著盾牌，碰！碰！碰！就過來了。車上的人都怕得要死。擋風玻璃被砸破了，駕駛座兩塊玻璃也敲破了。林長富的娃娃車上，原本有插一支抗議旗子，幸好被一個機警的農民拔起來，警察可能看到是娃娃車，才手下留

彰化農權會籌備會成立（稻草人基金會提供）　　　　彰化農權會籌備會成立（稻草人基金會提供）

情。到了晚上，大家都累了，開車回南投，在高速公路上非常的拉風，因為玻璃都開天窗。之前不曾參加的人，看到林長富流血，都怕到不吃不睡，因為他們一參加就遭遇5.20。林長富說，農民就是太老實，幸好他們都沒有怪他。

彰化縣農民權益促進會籌備會

5.20隔天，下午2點，彰化縣農民權益促進會籌備會在員林縣立圖書館三樓會議室宣佈正式成立。來自全縣26個鄉鎮市，一百多位農民參加。民進黨國大代表翁金珠及夫婿中執委劉峯松、民進黨縣黨部代主委楊文彬等與會。公推陳忠孝主持。他表示，農權會為爭取農民權益，採取自力救濟行動；不排斥政治團體的支援；堅持農民本位主義，絕不會淪為一黨一派一系的政爭工具。楊文彬主委致詞時說，5.20他在臺北，親眼看見農民慘遭憲警暴力毆打。譴責國民黨以農工為選舉工具，鞏固政權，又視農為奴，實在可恨。

農民徐寶忠說，如果有一天，農民不種田，那就是逼農民上街頭。最特別的是，來賓新竹市政府主任秘書、現任教育廳專門委員楊國平，當場公開表示，願意加入農權會為贊助會員，並正式加入民進黨，為農民爭取權益共同打拚。

農權會址暫設於陳忠孝代書處。近期內將密集舉辦5.20事件說明會，聲援農民及5.20受害者。

嘉義農權會

以「嘉雲人權會」陳錦松、許能通、林國華等人為班底的嘉義縣市農權會尚在籌組中，在陳錦松等人奔走下，原計畫出動八輛遊覽車參加5.20，出發前，傳出臺塑集團將趁機開挖反對新港中洋子工業區地主之農田，迫使中洋子工業區農民，為保衛家園而放棄北上，最後仍有四輛遊覽車聲援。

嘉義縣市領隊許能通到了立法院要求進入方便被拒，接著爆發警民衝突，三位民眾被逮捕。當天掛著副總指揮的陳錦松，也一整天在現場衝鋒陷陣，兩個人過一星期仍未露面。他們的戰友林清聞，是嘉義隊伍中唯一掛彩的，頭部兩處受傷，縫了十幾針。他說，警方當天鎮壓，根本把同胞視為敵人。加深民眾對政府的仇恨。

積極協助嘉義農權會籌備、當天也參與抗議的民進黨嘉義市黨部副執行長劉水庚說，「警察瘋了！像瘋狗一樣，見人就打。連無辜的路人、去店裡買東西的民眾、還有孕婦、採訪的記者、學生…，都狠命的毆打棍擊，血流滿地、哀嚎遍野，一樣殺紅眼。孕婦因而流產。」一位在現場的嘉義農民說，「有一位被水柱沖到光著上身的民眾，被警察脫下他的褲子，光溜溜的拖進警局。警察一點人性也沒有。」市黨部主委陳英華凌晨目睹學生靜坐，許多婦孺向警方下跪求情，要警方休兵，陳英華也加入求情的行列，但霹靂小組的棍子，仍紮實的打在

5.20農運中的嘉義縣市農權會（邱萬興攝）

馮清春、陳坤池、林豐喜（左至右）合影
（稻草人基金會提供）

他身上，陳英華是在昏迷中，被架離現場。

5.20之後，地方警察一直明查暗訪，想要建立參與5.20行動群眾的資料。到底陳錦松跑到那裡去了？陳錦松說，他當天一直在指揮車上。在中山南路天橋下時，第一次被警方攻擊。當時指揮車的喇叭就被水淋壞了，到晚上七點多才修理好。傍晚時，許能通就和陳錦松商量，說看警方這個態勢，應該要建議林國華暫時撤退，下次再來。陳錦松回，但是林國華認為有人被抓進去，若是警方不放人，就不能走。晚上5、6點的時候，已經開始跟鎮暴警察對峙，當時陳錦松就交代各地聯絡人，隔天需要工作的農民，讓他們先搭遊覽車回去，如果有人要留下來的，他也不會阻擋。後來洪奇昌跟林濁水爬到他的戰車上面，晚上還有看到學生也站出來，讓陳錦松覺得臺灣的農運有希望了。晚上7點，遊行隊伍在火車站前被打得最嚴重，當時三臺指揮車都已經被警方切斷了，也就是在那個時候，林國華在城中分局前面被抓。陳錦松是隔天凌晨6點左右，從萬華火車站搭火車逃到南部，因為害怕牽扯到家人，先到嘉義一位醫生朋友家住了幾天，他也是嘉義地方上的領導人物，不過沒有在5.20中掛名。幾天以後，又往屏東一位也是民進黨創黨黨員家裡躲了一陣子。第一年都在高雄、屏東一帶活動，還被報紙刊出來說「5.20漏網之魚陳錦松」，就這樣刊了一個月。刊出來的照片，都只有陳錦松綁頭巾農民的樣子，所以一直沒有被認出

來。逃亡那些年，陳錦松一直在檯面下關心臺灣的狀況。他的經濟主要靠他太太支援。還有住在嘉義的醫生朋友也有幫他的忙。一直到2000年後，陳錦松才比較出來走動。足足跑了12年10個月，陳錦松家裡才接到解除通緝令。

雲林農權會

主辦5.20行動的雲林農權會，當天共有林國華、李江海、曾忠裕、溫界興、林慧如等五個人被逮捕。其中林國華、李江海、溫界興三個人是民進黨員。擔任總領隊的李江海，是雲林農權會的理事長，曾任元長鄉農會理事，具有長者風範，在地方頗為人尊重。李江海是當晚林國華被逮捕後，自動去投案的，隨即被逮捕。他與黨外老將黃蘇交情很好。據一位隨隊採訪的記者說，李江海5.20當天，從頭到尾都非常冷靜，最後卻被逮捕收押。雲林農權會改由副會長邱鴻泳代行。面臨這項巨變，最重要的工作是全力收集被逮捕的人的資料，聘請律師團為他們辯護。另外，聯繫所有會員返回會所。傳聞邱鴻泳也成為治安單位蒐證的對象，接下來是否會被逮捕，尚不得而知。另外，雲林縣農權會籌備成立時，民進黨雲林縣黨部，也正在籌劃尚未成軍的濁水溪農權會。那時，縣黨部正加緊腳步進行籌設中。最重要的是配合民進黨中央進行的聲援5.20的行動。

臺南農民權益促進會

臺南農權會當天也動員四輛遊覽車，在領隊

5.20 農運中的臺南農權會（余岳叔攝）

黃太平、總幹事陳來助一再叮嚀要理性、冷靜接受指揮下，傷害最少。有一位受傷，另兩位不是隨隊受傷。唯一被捕的，是已60多歲、住在楠西的農家婦女洪巫幼。她由於關節炎、心臟又不好，走不動，坐在載蔬菜的卡車上，被警方不分青紅皂白強行抬走。餓了兩餐、不識字的她，在警方制式的筆錄上，被逼迫按下指紋，承認是暴民，而被移送法辦。當檢察官要她以兩萬元交保，身無分文不知所措的洪巫幼，就被收押了，至今未釋放。一位張姓農民，目睹警方殘暴的對待民眾，回家後，打電話給在臺北當警察的兒子說，「立刻把警察制服脫掉，包袱款款給我回家。甘願做農嘛不賺警察仔的錢。」

黃太平憤慨的表示，執政當局不斷醜化民進黨，動員非農民介入，造成暴動。誰不是農家子弟？事實上，當天臺南參加的隊伍裡，有幾個村長、農會理監事，都是國民黨的樁仔腳，也都是農民，為什麼被國民黨說成民進黨的暴民？！

高雄縣市農民權益促進會

高雄縣動員三輛遊覽車北上。美濃只有十個人，開兩臺小轎車過去。也是高雄縣農權會的會員詹益樺，開農權會的宣傳車。高雄縣市受災慘重。高雄縣農權會會長宋吉雄被捕。宋吉雄、徐錦輝事前有接到農盟籌備處的示警，說5.20行動，是執政黨軍方、情治、特務系統設計的陷阱。宋吉雄依然決定帶隊北上。他說，本來就沒有要激烈抗爭。才到立法院，車子就被砸了。在現場聽到宣傳車說，我們要進去小便不行嗎？立法院是人民的。兩邊就起暴動了。宋吉雄是在車上休息時，被強力水柱沖到地上，在霹靂小組棍棒齊飛、手捶腳踢吐血昏倒後，被拖進警局的。

徐錦輝說，當天軍警以絕對優勢的人力及裝備，採取報復性的手段，連已被逮捕失去反抗能力的民眾，仍殘暴對待，根本殺紅了眼！他說，當天7點天黑後，抗議隊伍中，出現喊衝喊打身份不明的人，又砸窗又燒車的，根本不是農民。尤其是火車站所有電話亭全被破壞，更不可能是農民會做的事。

民進黨高雄市黨部評議委員郭玟成服務處的一輛宣傳車，被警方砸個稀爛。郭玟成出身嘉義縣義竹鄉農家，當天一起去的夥伴，每個都被打成渾身是傷。

屏東縣農權會

本身也是雞農的屏東縣農權會會長馮清春老師說，高樹有三位農民被捕、收押。衝突現場被逮捕的有李茂林、李慈慧、汪添和、潘國清四位。汪添和已釋回。其他三位仍收押。收押的三人之中，李慈慧是高樹鄉泰山村村長，為了希望全面農保早日實施，第一次走上街頭。他患有腎臟病，不能走遠，在車上休息時被捕。

總領隊李江海在立法院前抗爭（邱萬興攝）

潘國清、李茂林是泰山村民。警民衝突時，站在旁邊被逮捕，根本沒有出手。馮清春與屏東農權會幹事曾秋梅，隔天即前往泰山村三位農民的家探望家屬。同時將盡全力營救三人恢復自由。民進黨屏東縣黨部指派執行委員鄭朔明、蕭長德、楊四海等三人，前往慰問。立法委員邱連輝親至土城探視李村長三人。他們表示：「打罵皮肉之痛可以忍，身在獄中毫無尊嚴，沒被當做人，才無法忍受。」

臺東農權會

由李朝春帶領四位參加5.20行動。所幸全部平安回家。

花蓮縣

由民進黨基層黨員，本身也是農民的吳正雄，帶領30多位農民參加5.20行動。是花蓮縣第一次參加農民抗議。不料遭遇如此慘烈的狀況。幸好，小傷難免，無人被捕，平安到家。「花蓮民主促進會」決定響應民進黨中央黨部即將在玉里舉辦的第一場5.20事件說明會。

臺北縣

臺北縣在5.20事件中損失慘重。有五名黨員被捕，分別是侯福財、張英一、陳茂雄、游發、魏木卿。張英一已交保。聲援團體之一的洪奇昌服務處及雙和聯誼會，分別有兩名會員被捕。現仍羈押中的侯福財，是臺北縣黨部執行委員，本身也是自耕農。他是被強烈水柱噴灑全身，躲到興建的臺大醫院空屋，被警方逮捕的。游發經營禮品公司。已經交保的張英一，經營一家油漆行。他們都是雙和聯誼會的會員。洪奇昌服務處的義工魏木卿，在車上被逮捕。陳茂雄聽說是被警方搶走的。侯福財與魏木卿兩人，不知何故，被警方禁止接見，有人說，應該是傷勢太重，見不得人的原因吧，洪奇昌服務處的戰車已全毀，目前被扣押中。臺北市黨部決定自5月29日開始，展開七場5.20真相說明會，將放映5.20事件錄影帶，向國民黨的血腥鎮壓表達最強烈的抗議。同時也將展開救援行動。

三、血的事實：
5.20事件中的記者

1987年7月，臺灣解除長達38年又56天的戒嚴。

各式各樣的自力救濟事件風起雲湧。

經常在陳抗街頭相遇的記者們，總會開玩笑的說：「民主運動是我們走出來的！」因為，他們永遠站在事件的最前線！

1988年5月20日農民抗議，爆發二二八事件以來，臺灣最嚴重的街頭流血衝突。當憲警高喊「這是記者，拖出去！」有多位記者，沒有放棄他們的工作，並為此付出代價：血濺第一線。

面對血淋淋的事實，臺北地檢處首席檢察官劉景義竟然說，「我不相信警察會打人！」他甚至強調，即使有記者在場，也不能作為唯一證據。

對於記者而言，他們只是做好記者的工作而已。他們可不是來玩的！

自立報系／張甘霖

下午5點半，在常德街口遭圍毆，眼鏡折斷。

自立報系／呂東熹

呂東熹採訪時受傷流血
（呂東熹提供）

凌晨1點55分，呂東熹隨同立法委員朱高正，欲進入城中分局採訪，憲兵喊叫「這是記者，拖出去！」在城中分局門前，被憲兵以盾牌、警棍打傷前額鼻樑，經送臺大醫院縫了四針。

前進雜誌攝影記者／余岳叔

手臂、胸部被警察擊傷。

臺灣時報／李文輝

臺灣時報記者李文輝手上拿著記者證揮手，一邊高喊：「我是記者！我是臺灣時報記者！」時，一名警察學校學生的警棍已經凌空而下，頓時血濺現場。

新新聞雜誌社／陳愷巨

晚上7點，在城中分局拍攝時，被三名警員圍毆。頸部、背部與胸部、手指等多處受傷。右眼鏡片被擊破，照相機被砸毀。

民主雜誌月刊發行人、採訪攝影／黃嘉光

站在指揮車上拍照的黃嘉光，被霹靂小組抓下去，沿路被又踢又打拖進警察局，在知道他有民進黨員的身份後，更是一頓飛拳，打得他渾身血淤、臉色發白。

自由攝影工作者／易小文 (2016.5.16文)

在立法院門口拍攝，後腦被不明石頭砸到，一手摀住傷口一面拍。在常德街口專心拍攝，忽然一陣強烈水柱襲來，攝影機掛了。

回家拿相機，再趕到現場。在臺北車站工地，被一整隊警察盾牌壓在身上，我說我是記者，卻被警棍從旁邊戳撞，直到警方離開。一個計程車司機送我到慶生醫院縫了十幾針。滿身是血回家。

民進報總主筆／林濁水

林濁水與一群大學生在城中分局前靜坐抗議，凌晨1點35分，警方強力鎮壓時被捕，當警察踩在學生身上，警棍如雨打在學生身上時，林濁水張開雙手、弓著背，想要保護身旁的學生時，被警方逮捕。在市刑大，警察詢問他的職業時，他表明是民進報總主筆，換來的是一頓毒打和辱罵。到凌晨4、5點，警方做筆錄，咬定他是「縱火」罪名，爲林濁水拒絕。又遭到連續一個小時的毆打，被打到身體翻滾到地上。

5.20農運總指揮林國華（邱萬興攝）

四、林國華：
五二〇的真相只有我知道

（林國華／口述　鄭順聰／整理）

　　五二〇和農權運動路線的分裂，是沒有關係的。林豐喜山城農權會的運動，是召集各縣市農權會代表參加再做決議；而雲林農權會選出許多理事，在理事開會後，再邀請各縣市參與，兩者決策過程不同，跟路線的分裂沒有關係。所謂農權運動的分裂，是指五二〇之後，農權團體各自成立「農盟」與「農權會」。也就是在五二〇之前，根本沒有農權運動分裂這一回事。

　　五二〇是我一手規劃的，四月時，雲林農權會已密集開會籌備。選在五二〇那天上街頭，是有道理的，因為那天是禮拜五立法院院會，我之前就有函文給立法委員，要他們支持農民健康保險的預算，五二〇那天可當場向立法委員提出訴求。

　　五二〇早上，向我們雲林農權會報名的農民團體陸續報到，民進黨的民意代表沒有人參加，因為他們老早就知道政府要採取強勢的手段，說真的，那時候我並不知道這個消息。當時的副總指揮本來是林豐喜，但有人告訴他會出事，沒有來，於是臨時找蕭裕珍擔任副總指揮。

　　照之前的規劃，要出動一百部的鐵牛車上街頭，藉以凸顯農業問題，卻被情治單位硬壓下來；遊行之前的會議，有人提議出動挖土機上臺北，將國民黨中央黨部的圍牆挖掉，但這消息傳出去，引發外界的緊張，最後提出建議的那個人反倒退縮了，我則和情治單位商量，取消挖土機上街頭的計畫

　　遊行隊伍十二點多出發，由五十位農村婦女帶頭，我太太也在其中。遊行的預定路線要經過中山北路，但警察怕影響交通，於是協議改走林森北路，然而有人故意往中山北路走，所以引發一些推擠。

　　事前我們曾向警方請求提供流動廁所，否則在上廁所時會發生問題。果然不出我所料，遊行的先鋒部隊有許多老人，膀胱比較沒力，向警察請求進入立法院，警察推託說濟南路有廁所，不准進入，於是就發生衝突，不久就有三個人被抓進去了。

5.20 農運 LOGO（邱萬興提供）

　　我到了立法院門口，聽說有三個人被抓，身為總指揮的我，當然要負起責任，前去跟警方交涉。我跟警察講：我不是法律專家，但我還有一些法律常識，警察以現行犯逮捕那三個我不反對，但他們並沒有犯下重大罪刑，問話後就應該釋放，在場見證的群眾那麼多，我可以保證，那三個人以後隨傳隨到，警察何不變通一下，釋放那三個人。

　　但是，警察還是堅不放人。當時的警政署長是羅張，參謀總長是郝柏村，俞國華是行政院長，國民黨秘書長是李煥、副秘書長是宋楚瑜，國安會秘書長是蔣緯國，那一群人事前就密謀要抓人，不讓農民隨便在街頭上抗爭，也就是說，是那一群人制暴引暴。

　　遊行那天禮拜五，是立法院開會的日子，我看警察堅決不肯釋放那三個人，於是揚言要衝進立法院，但警察還是置之不理，當時我想如果這事情不解決，以後要叫農民再來抗議，那是不可能的。為了進去救人，我帶頭喊「衝」！當場被打得頭破血流，昏倒送臺大醫院急救。農民見我被打傷送醫，開始拿石頭，一直砸立法院。

　　五二〇遊行前，遊行申請書中寫明，第一個抗議的地點是立法院，請立法院派人來接受我們的陳情書，立法院的人知道發生暴動了，久久未派人來接受陳情，於是我們就撂下話說：「你們立法院的人不出來，以後選舉給我記住！」遂轉往國民黨中央黨部抗議。在遊行之前的協調中，國民黨答應派代表接見我們，但我們又沒有出動挖土機來挖國民黨的圍牆，為何在貴德街口就把我們擋住，也沒有派代表來接見，讓我們十分不滿。當我在醫院時，心裡想著：如果我繼續在醫院躺著，群眾解散就沒事了，那時法務部部長施啟揚，我臺中一中的同班同學，同樣在事後告訴我，我只要躺在醫院不出來，就不會有事情了。但是我考慮到三點：第一，如果我放任農民不管，任其解散，這樣是對不起農民；第二，身為總指揮，帶多少人來，就應該帶多少人回去，這是我的理念；第三，目的沒有達到，怎麼可以輕言解散呢？執政黨故意用制暴來引暴，採取強硬的措施，我們退縮，就是宣布解散；如果我們硬碰硬，當然就會發生事情。最後我裁決，不如就讓事情發生吧！在臺大醫院前面，警察一直噴水，不讓我們到國民黨黨部前抗議，然後就將我們圍堵起來，只留徐州路一個通道。在杭州南路有一個停車場，警察說我們的遊覽車全停在那裡，暗示我們可以走徐州路到停車場，在那裡搭遊覽車離開。

　　那時我心裡想，要達到目的，今天是個機會；警察那麼圍堵、那麼壓制，我在此時進行反抗，才會造成大衝突。其次，在中山南路被圍堵，施展不開，不如就順著他們的意思，走徐州路離開，但我們不去停車場，而是在林森南路左轉，再轉到忠孝東路，到警政署前抗議，將警政署的牌匾拆下，警察嚇了一跳，鎮暴部隊與憲兵全部傾巢而出。

這時我想，要將人群帶到火車站去。

我看了相當多的群眾運動的書，瞭解到要擴大抗爭，只有在群眾聚集的地方才有辦法。當時正值上下班，將抗議群眾帶往人潮聚集火車站去，這樣事情才會大起來，所以我才做了這個決定。但隊伍到火車站半路，卻被警察擋了下來。此時已有十多人被扣押，於是我帶群眾到城中分局前抗議，要求將人放出來。

到了黃昏，警察再一次圍堵，要我們解散，但我堅持不離開，於是他們出動鎮暴部隊，打人捉人，我下指揮車去阻擋，卻被抓入分局。進入分局我明明白白跟警察說，現在群眾情緒沸騰，總指揮副總指揮又被捉進警察局，群龍無首，之後若有發生什麼問題，你們警察要負全責，但警察就是置之不理。進入警局後，將我雙手戴上手銬開始刑求，我被揍了好幾拳，有一個警察不滿地說：「你這林國華害我們整天亂七八糟！」之後我被送到市刑大作筆錄，當晚就送土城看守所，半年後判刑兩年十個月，褫奪公權兩年。

五二〇之後，有許多的解釋與批評，但那些人都不瞭解五二〇的內涵，有誰從頭到尾瞭解狀況？只有我林國華一個人，我被關了兩年多，出獄後也沒有多少人來問我，其實真相只有我知道，其他人都沒有參與、瞭解不深，他們的解釋是胡亂猜的。五二〇對農民是有貢獻的，政府看到農民敢真正發起激烈的街頭衝突，開始重視農民的力量，加速農業政策的推行，

五二〇的訴求在後來都一一實現，如農保及農民津貼等，社會資源能更公平的分配。五二〇有許多積極正面的意義，我相信農民是會肯定的。

林國華小檔案

林國華，一九三五年生，雲林縣古坑鄉人，臺大土木工程系畢業。畢業後進入省政廳水利局擔任工程員。林國華個人經商與從政起起伏伏，辭職從商後，擔任錦裕紡織公司廠長等職位，之後又接連參選立法委員與縣議員，均告失敗。加入民進黨後，參與農權運動，成立雲林農權會，擔任總幹事，五二〇遊行即由他一手策劃指揮，卻也因此身陷囹圄。出獄後擔任農權總會會長，依然堅持走政治的路，受訪時為民進黨雲林地區選出的立法委員。

註：本文原載自「重現臺灣史」五二〇事件

5.20 農運副總指揮蕭裕珍（邱萬興攝）

五、林豐喜：五二〇 為臺灣農運畫下休止符

（林豐喜／口述　鄭順聰／整理）

3.16 行動總指揮林豐喜（張芳聞攝）

　　臺灣的農民運動，要從一九八七年談起。在此之前，臺灣只有小型零星的農民抗爭，主要是因為對現實或對政策不滿，如屏東牛蛙事件，以及豬隻生產過量，在一九八三年到八六年間，這三年中有連續兩次豬隻生產過剩，供需失調，曾發生將小豬丟到街上的抗議事件。

　　真正農民團結起來，發起運動，是在一九八七年。那一年，市面上的農產品價錢跌得很嚴重，農民不知道為什麼，為何農產品的價格跌成那樣。當然，生意人知道，因為農產品進口的關係。

水果大舉入侵臺灣

　　一九八六年九月二十八日，民進黨成立，選舉是十一月底，隔年的農曆年，農民特別不好過，因為農產品的價格下跌，當時年輕有知識的農民發

現，進口農產品正在嚴重打擊臺灣農業，卻不知道用怎樣的方法去投訴或反應。那個時候，民進黨舉辦了一個青年幹部訓練營，我前去參加。在營隊中大家閒聊，有農民談到水果價格跌得很低，不知道該怎麼辦？那時候我想，水果價格下跌，應是產銷調節問題，但農民說，如果是生產過剩，價格跌了一陣子馬上就會回升，不會持續那麼久；而且，非常奇怪的是，無論是什麼水果，價格都受到打擊，農民們感覺到事情不太尋常。

我聽到這事情後，深思了一番，心想與其想半天想不出所以然，不如親身去外面查查看，於是有一天晚上，我就到街上去調查，赫然發現水果攤上擺放了很多很多的進口水果，像梨子、加州紅梨、蘋果種種，到處是進口水果。進口水果又大又便宜，誰會去吃臺灣的水果？之後，我去跟國貿局申請資料，看完大吃一驚，發現從去年整年進口的水果比臺灣產的還要多；我又跑去民間的冷藏庫調查，查出來，真的嚇死人，光中部地區就有八百個貨櫃的庫存，市面上已經有那麼多的水果，再加上訂單下了還沒進口的，無疑宣布臺灣水果的死期。

緊接著我去調查臺灣水果的市場，當時梨山的蘋果來到東勢的果菜市場，一箱五十臺斤的只要一百三十塊，竟然還賣不出去，當時橘子一箱五十臺斤的，賣不到八十塊，等於一臺斤不到兩塊錢，眼看事態非常嚴重，於是我開始組織團體，要向政府嗆聲抗議。

一二〇八・農權會嗆聲

第一次行動是一九八七年十月份，我開始走入鄉鎮，組織農民，一直到十二月八日上街頭抗議，這一段時間是最艱辛困苦的時候，那時候是戒嚴時期，不像現在那麼自由，農民很怕，不敢走出來。我記得有一次我們五個人出門，到苗栗縣的山上一個偏遠地區座談，現場竟然只來了三個農民，其他人都不敢過來，我們說了兩個小時，談要跟政府抗議農產品的問題；隔一個禮拜，我們應那三個人之邀，再去一次，結果萬人空巷，整個村子裡的人都出來聽。

我們不斷下鄉奔走，不斷的醞釀，並成立第一個組織「東勢山城農權會」，時間是一九八七年十一月五日，當時的主力，是苗栗縣的卓蘭與山城，以這兩個地區為主體，再加上梨山、彰化與宜蘭的農民，隔月十二月八日，我們第一次走上街頭，到臺北立法院抗議。

十二月八日那天真是嚇了我一跳，遊覽車總共來了一百多臺，地點在中正紀念堂。現場只有一部宣傳車，是用六噸六大卡車去組裝，音響也不夠大聲，喉嚨都快喊破了。當時我強烈主張，政治力不要介入此次活動，因為當時還是戒嚴時期，氣氛很緊張，政治人物如果參與，農民會害怕。但是政治力不介入可以嗎？當然不行，談判一定要政治力，這是後話。

那一次的遊行非常成功，很有秩序。到國貿局抗議時，當時國貿局局長是蕭萬長，對於農產品問題，承諾現在申請中的暫停，已經裝櫃

5.20 之後，林豐喜應邀至美國巡迴演講 5.20
事件及臺灣農業現況（稻草人基金會提供）

的暫時凍結不能上市，冷凍廠裡面的也不能上市；抗議隊伍到農委會時，我們提出要對農民的補貼與損失適當處理的要求，也得到善意回應，因此抗議後第三天，就上桌談判。那一次的抗爭可說很有秩序，街頭抗議、凸顯議題、桌上談判，可說十分成功，也大致達到了目的。

四二六．農機開上總統府

一九八七年十二月八日的抗議後，隔年一月十三日，蔣經國總統過世，進入國喪期，三個月不能動。在國喪三個月期間，農民團體發生了一個嚴重的問題，那就是領導權的問題，新潮流系與美麗島系在爭主導權。新潮流系在水上教會開會，要搶農民運動的主導權，一些青年學生開始加入，如廖永來、王世勛等，我們當時都沒有警覺心，是後來才發現領導權陷入混亂。

國喪期間那時候箭在弦上，由於美國三〇一抵制，三月二十八日臺、美要上談判桌，火雞肉、牛雜碎、雞雜碎可能會開放進口，讓雞農十分緊張，因此醞釀要再次上街頭抗議。國喪期一過，全國馬上組織起來，三月十六號，到AIT抗議，反對火雞肉進口，臺美談判立即中止；四月二十六日，在臺美再次上談判桌之前，又發動了一次抗爭，這次抗爭將鐵牛車、耕耘機全部搬上臺北，可說前所未有，我們甚至還到博愛特區、總統府前抗議，這可以說是破天荒第一次。

在這幾次抗議中，我們都經過充分的計畫與討論，想辦法如何去凸顯議題、找到定位。農民運動就是農民運動，農民運動就是要為農民爭福利，不是用農民當作政治鬥爭的工具，這一點要很清楚，凸顯議題、政治解決，如果一味抗爭，不尋求解決，那是不對的，只會犧牲掉農民。

四二六的抗議凸顯了開放火雞肉、牛肉及雜碎的問題，政府因而答應，用試辦的方式，看臺灣人能不能接受；由於議題凸顯成功，臺灣人民也瞭解此事，有一致的共識，所以那時進口兩百公噸的火雞肉滯銷，這些抗議活動可以說達到了效果。

五一六．爭取農民保險

四二六之後的下一步，是爭取農民保險。其實在一二〇八的抗議活動中，就開始與政府談判，政府口口聲聲說要試辦，可是都不敢實行。這時候高雄縣長余陳月瑛首先發難，宣布高雄縣先行試辦，當時的省政府主席邱創煥不肯，於是五月十六日，我們帶領群眾去中興新村抗爭，包圍省政府不散，揚言在臺北開會的邱創煥若不南下談判，抗議隊伍就要在省政府過夜。

邱創煥沒有辦法，被我們逼得坐直升機下來南投，在中興大會堂談判，他答應十月二十五日全臺灣六個縣市試辦，這點我們同意；至於全面試辦要等到三年後，我們不同意，認為要看試辦的成果再決定。結果，抗議的第二年的

十月二十五日，農保全面實施。

至於五二〇的活動係由新潮流系主導，我則是抱持反對的態度，認為抗議活動太密集，會造成農民的疲乏感；此外，我認為農民運動要按部就班、理性地去實行，我也不願意讓活動流血，或去攻擊警察，因為警察大部分也是農家子弟，於心何忍，最重要的是，不能讓農民害怕。

五二〇造成我與新潮流系的路線分歧，事件爆發時我在臺北，和尤清、蔡式淵、謝長廷、朱高正、許國泰、許榮淑、張俊雄、張俊宏等人參與救援。光是那天晚上，我花掉將近七十萬，用來做醫院的救援，以及購買昂貴的攝影器材錄影存證。第二天我們開始發動國際救援，向社會募款，補助每個被抓起來的家庭兩萬塊。

六二八‧農民運動分裂

五二〇是農民運動的分際，農民運動在那天劃下休止符，再也沒有辦法發動，因為一百多人被抓，農民都很害怕，如果沒有發生五二〇事件，還有農地農用、國土規劃等議題在我們的計劃中，等待按部就班的提出，但是在五二〇事件後，一切停頓。

五二〇後我通緝被抓，整個組織群龍無首，當時我以破天荒的三十萬天價保釋，出來後要重整，已經沒有人敢再走上街頭。六月二十八日，「臺灣農民聯盟」成立，新潮流系在豐原的王子飯店成立「農權總會」，農權運動正式分裂。

五二〇之後，我認為農民不敢再走上街頭，只有改走政策路線，武嚇改為文攻，除了積極全省串連，提出「農民權利法案草案」，舉辦「大專學生農村生活營」等，繼續進行組訓工作。

五二〇事件影響太大，耗盡了好不容易從「一二〇八」、「三一六」、「四二六」與「五一六」半年來累積的農民運動的能量與資源。沉寂一甲子，方才風起雲湧的大規模農民運動，就此戛然而止，走進歷史，一百多人陪葬，被抓被關。而由「山城農權會」主導的四次大規模街頭抗爭，只有總指揮的我一個人被依違反集會遊行法判刑坐牢，這是我對所有的農運伙伴感到可以交代的。

註：本文原載自「重現臺灣史」五二〇事件

玖

農運分裂：

兩個農民聯合組織同一天成立

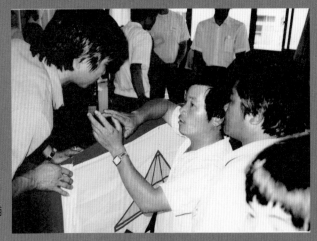

林豐喜、新竹代表黃興東跟幹部討論
（稻草人基金會提供）

一、「臺灣農民權益促進會聯盟」成立

　　籌備已久的「臺灣農民聯盟」，於1988年6月28日下午2點，在臺中縣豐原召開大會宣佈成立。大會推選馮清春爲臨時主席。會中，由來自全國各地農權會36名代表中，產生17名執行委員、7名監察委員，與會執行委員選出林豐喜爲首任主席，四位副主席分別爲執行副主席馮清春（南區）、詹朝立（東區）、胡壽鐘（中區）、黃邦政（北區）。臨時動議時，多位與會代表紛就各地方應興應革踴躍發言，會議圓滿結束。臺灣農民打破一甲子的沉寂，再度全國大集合，攜手爭取農民自身的權益，從12.08開始，經過3.16、4.26、5.16、5.20，短短半年間，多次走上街頭抗議，隨著「臺灣農民聯盟」的成立，農民運動邁入另一個新的階段。

臺南代表黃太平
（稻草人基金會提供）

嘉義代表羅逢春
（稻草人基金會提供）

高雄代表李旺輝（稻草人基金會提供）

山城代表徐華麒當選
「臺灣農民聯盟」監委
（稻草人基金會提供）

屏東代表戴鳳烈當選
「臺灣農民聯盟」監委
（稻草人基金會提供）

當天的成立大會，在豐原市西安社區活動中心二樓舉行。從上午10點多開始，就陸續有各地方的代表到場。新竹農權會會員，特地召集一輛遊覽車來觀禮。下午大會開始，各地區應到代表45名，報到的有36名。產生17名執行委員，分別為：吳振鐶（桃園）、黃邦政、黃文淵（新竹）、許清復（苗栗）、胡壽鐘、林豐喜、王昌敏（臺中山城）、游國相（彰化）、黃俊源（南投）、羅逢春（嘉義）、黃太平、陳來助（臺南）、李旺輝（高雄）、馮清春、鄭朝明（屏東）、詹朝立（臺東）、李瑞雄（宜蘭）。後補執委：詹玉淮（苗栗）、張正雄（彰化）、林寬有（嘉義）、邱國源（高雄）、黃茂祥（臺東）。7名監委則為：黃興東（新竹）、何金雄（苗栗）、徐華麒（臺中山城）、萬順金（南投）、魏榮勝（宜蘭）、戴鳳烈（屏東）、顏狄林（臺東）。後補監委：陳朝琴（大屯）、黃文賢（臺南）。

臨時主席馮清春致詞表示，臺灣農民已經62年未出聲了，特別選在6.28成立，是紀念日治時期1926年6月28日由簡吉、趙港領導農民成立全島性的「臺灣農民組合」，向前輩先賢致敬學習，非常有意義。並特別介紹在場一位貴賓，日治時代豐原農民組合老前輩江漢津。

江漢津說：過去，農民兩字代表的是最下層、最坎坷、最悲慘的人民。日治時代的臺灣農民，是資本帝國主義下的農奴。今日臺灣的農民，生活雖有改善，但仍然需要農民運動爭取農民權益，改善農民的處境。

蔡仁堅致詞表示，農民運動不是從石頭中蹦出來的，我們必須注意相關的政治背景。許榮淑委員也到場祝賀。以講廖添丁故事聞名的著名臺語廣播主持人吳樂天親自到場，還捐出五萬元支持農盟。他說，他來自農家，只要農運有需要，他願意隨時奉獻，盡一己之力。贏得大家熱烈的掌聲。

在討論組織章程時，來自偏遠的宜蘭、6月19日才成立宜蘭農權會的李瑞雄、臺東的黃茂祥特別關切，表示他們的看法。多位代表也熱烈發言，說明各地區農權會的現狀，以及遇到的困難。

臺灣農民聯盟各地方代表的積極與厚實，讓大家充滿信心，爭取農民權益的道路，繼續勇往直前！

主席林豐喜、山城代表王昌
敏、屏東曾秋梅（左至右）
（稻草人基金會提供）

二二八戰士黃金島（左
一）、日治時代豐原農民
組合老前輩江漢津（左二）
共襄盛舉
（稻草人基金會提供）

桃園代表吳振彙、
新竹代表黃邦政、
山城代表胡壽鐘、
王昌敏、曾秋梅（左至右）
（稻草人基金會提供）

苗栗代表許清復（左一）、
嘉義代表羅逢春（左四）、
屏東代表鄭朝明（右二）、
臺東代表詹朝立（右一）
（稻草人基金會提供）

二、「臺灣農權總會」成立

6月28日中午，雲林農權會、彰化農權會、臺中縣大屯區農權會30餘位成員，決定退出農盟成立現場西安社區活動中心後，臨時宣佈轉往豐原市世紀大飯店，另行成立「臺灣農權總會」，與「臺灣農民聯盟」分庭抗禮。

下午，「臺灣農權總會」成立大會，由臺南市民進黨員黃昭凱主持。公推目前身繫囹圄的林國華爲總會會長。高雄縣戴振耀（南區）、雲林縣陳坤池（中區）、臺北縣賴建勳（北區）分別擔任副會長。暫由國民黨籍的陳坤池代理會長。

其餘委員，包括高雄縣的吳信能、嘉義縣羅金松、陳進文、嘉義市林清聞、羅仰松、雲林縣王文祥、彰化縣黃文和、施漢忠、臺中縣楊丁財、林栢川、臺中市江水旺、江冬立、臺北縣李添瑞等人。

從農盟成立會場趕至世紀大飯店協調的臺南縣農權會會長黃太平，一再呼籲以大局爲重，應團結一致，與萬年執政的國民黨進行抗爭，避免分裂，否則將會打擊今後的農運發展。惜未爲在場人士所接受，無功而返。

隨後，針對是否立即宣佈成立「臺灣農權總會」展開討論。雲林農權會代表陳坤池認爲，應從長計議，尤其在章程、會旗、盟員多方面均未成熟，建議先成立籌備會後，再做進一步規劃。在場不少人強調，不能居於「臺灣農民聯盟」下風，一位來自嘉義的農權會會員表示，他反對陳坤池暫緩成立的建議。他認爲總會比聯盟大，聯盟應歸總會管轄。至於章程及會旗問題，也建議可採用彰化縣或臺中縣大屯區農權會章程改頭換面即可，總會則以雲林農權會爲首，獲得多數人同意。

經主席黃昭凱裁決採表決方式，有三分之二以上人員支持立即成立「臺灣農權總會」，引來現場熱烈掌聲。接著陸續推選出各縣市代表及總會委員，會址暫設在雲林縣農權會會址，同時訂7月4日舉行總會成立慶祝大會。

6月28日，沉寂一甲子的全臺農民聯合組織，一天之間，出現了兩個。

高雄農權會代表戴振耀被推選為「臺灣農權總會」副會長
（稻草人基金會提供）

陳坤池聲明退出後與臺灣農民聯盟其他成員的互動
（稻草人基金會提供）

三、5.12 全臺第一家 農民服務中心成立

「臺灣農民聯盟」召開第一次籌備會

在12.08、3.16、4.26農民抗議，擔任總指揮的林豐喜，5月12日上午，在他的故鄉、也是農運的發源地臺中縣東勢鎮，成立「農民服務中心」，這可以說是全臺第一家，非公職、由個人成立、跨越縣市，以服務農民為宗旨的農民服務處。

出身農家、積極推動農權運動的林豐喜表示，很多人誤解農權會只是一個會鼓勵農民走上街頭抗議，而毫無助益的團體。經過一連串抗議行動後，實有必要成立一個對農民更具實質助益的常設機構，除了以實質的服務協助農民解決問題，希望透過組訓增加農民自主意識，團結農民爭取應有的權益，往下扎根，落實農民自救。

12日上午的茶會，現場除了在地山城區的農民到場以外，不少來自全臺各地的農權會幹部與會。對於全臺首創的個人農服中心，除了觀摩，也充滿了期待，或許，不久的將來，類似的農服中心，會陸續出現在全臺各縣市鄉鎮。

12日下午，「臺灣農民聯盟」第一次籌備會，在東勢鎮東聖宮召開。全臺各地農權會幹部參與者眾。

比較意外的是，來自雲林、彰化、嘉義、高雄的農權會人士，大批與會。會中，對農盟的成立，大都持反對的態度，令與會的其他各地代表深感不解。在此之前的行動會議，各地農權會代表，都極力為農盟催生，希望儘早成立。經過一番討論，訂6月12日在新竹峨眉召開第二次籌備會。

四、6.12「臺灣農民聯盟」召開第二次籌備會

第二家農民服務中心在新竹成立

動員力驚人的新竹縣農民權益促進會（張芳聞攝）

　　6月12日下午，臺灣農民聯盟在新竹縣峨眉召開第二次籌備會。會中除了各地農權會報告發展現況之外，決定農民聯盟將於6月28日正式成立。針對農盟組織章程草案、下半年度工作計劃等，經與會人士充分溝通討論，將於第三次籌備會正式議決。對連月來，飽受國民黨刻意挑撥分化的山城農權會，會長胡壽鐘親自與會，並當場表示，將重新整頓彌合後，再行加入農民聯盟。

　　當天會議由地主峨眉農權會會長黃興東主持。上午先舉行新竹農民服務中心成立茶會。不少來自全臺各地的農權會幹部，特地提早趕來祝賀。這是繼東勢之後，全臺第二個成立的農民服務中心。會議原定1點開始，由於會場有不少閒雜人等意圖進入，大隊人馬移師十餘公里外，峨眉山上一處農家召開。四面環山，風景優美，引得眾人讚嘆不已。針對農盟正式成立日期，一致通過6月28日，富有歷史意義的日子。

黃邦政（左）及陳坤池出席新竹農民服務中心成立茶會
（稻草人基金會提供）

接著企劃組陳秀賢就「臺灣農民聯盟組織章程草案」說明，選出主席一名，北中南東四區各設一名副主席，其中訂一名執行副主席，為主席第一順位遞補者。主席下設秘書處，秘書處設正、副秘書長各一人。下設組訓部、宣傳部、運動部、總務部等部。另設政策設計室、農業資源研究室兩室。

有關章程第21條：本盟首屆執委與主席先由12.08以來，在農運中有實際表現者，互相協商產生。俟1989年元旦舉行第一屆第一次盟員代表大會時再行追認。會列這條附則，是因為全臺各地農運的發展並不一致，在5.20事件後，體認到互相支持的重要性，所以在農盟成立的最初半年，將著力於各縣市農權會的組織發展，落實基層的基礎，並全力經營農運的氣氛。等到半年後，再建立農盟的權力機構和財務計劃，重新再把農運推向新的階段。這份草案將於6月21日在雲林農權會召開第三次籌備會議時正式議決。

接下來由各地農權會進行會務報告，大部分地區在5.20事件後，會務都遭受到不同程度的打擊，但是在農盟及各地民進黨黨部的全力反撲下，逐漸扳回劣勢。臺南、臺東、屏東等地農權會的報告，更讓大家精神為之一振。

高雄縣農運起步較晚，陳秀賢主持的社運工作室，在美濃老政治犯李旺輝與縣府秘書徐炳和的配合下，籌劃於6月19日成立「美濃地區農權會」。

臺南農運的崛起，是從5月初烏山頭水庫附近果農，所種植的果樹，將面臨砍除的命運時，臺南農權會會長黃太平、總幹事陳來助鼎力相助，出面替果農仗義直言，因而得以不被砍除。烏山頭水庫附近果農，紛紛加入農權會的行列。短短幾天內，有近四百多位果農加入。近日黃太平、陳來助等人，為關廟的鳳梨農爭取合理的價格，使得原本滯銷的鳳梨，獲得合理的解決。這批果農也加入臺南農權會。短短的時間內，臺南農權會名聲，已傳遍臺南各角落。

臺東縣農權會在11日舉行的「5.20事件說明會」，在幾無公職到場助陣下，有近四千位群眾到場聆聽。下午的遊行更掀起高潮。有近40輛的車隊繞行全縣，每到一處，都有農民開著搬運車或農機車，加入遊行行列。隊伍越遊行越長。這在臺東是非常罕見的現象。臺東農運的發展，在詹朝立、李朝春、張甲長等人的努力下，頗為蓬勃。臺東地處偏遠、民風保守，每次到臺北抗議，他們往往要比別的地區多花費兩倍的時間與金錢，方能成行。都要前一天出發，摸黑趕路，天未破曉就抵達臺北，大夥兒席地而睡，都是最早到達的隊伍。出動人馬雖不多，卻無役不與，精神可嘉。

屏東農權會日前在佳冬辦了一場「5.20事件說明會」，在無任何公職到場助陣下，仍吸引了近五千名民眾到場聆聽。上臺演講者，除農盟幹部外，清一色都是當地熱心的農民，引起很大的回響。身兼邱連輝服務處總幹事的屏東農權

會籌備會召集人馮清春，談及屏東縣農權運動推展過程，係由各鄉鎮座談會開始，再進入組訓工作。目前為止，已在屏東縣25個平地鄉鎮，舉辦十餘場座談會。參加的農民，超過兩千人以上。如果不是5.20事件，原本已計劃正式成立屏東農權會。

飽受挑撥分化困擾的山城農權會會長胡壽鐘，也在各地盟友的激勵中，允諾會重新整頓山城農權會，盡早歸隊。

目前尚處於5.20震撼的雲林農權會，正忙於救援被逮捕的幹部與農民，無法有餘力投入結盟事宜。但6月初，雲林農權會召開執行委員會時，全票通過加入聯盟的決議。雲林農權會代理會長陳坤池，期待農盟能全力聲援。

宜蘭農權會訂於6月19日舉行成立大會。目前籌備工作已大致就緒。目前成員大約五、六十人，以三星鄉稻農及員山鄉果農為主。各鄉鎮市都有負責人，較能深入基層。組成分子不少是年輕的農民，較具有改革農業政策的動力。

陳秀賢提出1988下半年農盟的工作計劃報告。7～9月將配合學生暑假到農村作組訓的工作，及協助各縣市農權會的組織發展。此外，籌備會初步決定，農盟成立與會代表將以各地農權會發展實際狀況，採分區配額方式，各地代表總數以40名為原則。

隨著「臺灣農民聯盟」正式成立的日子近了，

歷經5.20事件打擊、遠道而來的農盟各地代表，歷經一整天會議的疲累，在峨眉青山綠水美景環抱中，趁著夕陽晚風踏上歸途。

6.21「臺灣農民聯盟」召開第三次籌備會

6月21日，「臺灣農民聯盟」在雲林農權會召開第三次籌備會。當天議程以討論農民聯盟的組織章程為主。會中，以「嘉雲人權會」為主的雲林農權會與會代表，擬推翻6.12第二次籌備會「農民聯盟於6月28日正式成立」的決議，主張應該以救援5.20工作為重，提出暫緩兩個月成立農盟。但未為其他各地代表所支持，維持原議。

臺東縣農權會因地處偏遠，每次到臺北抗議，都要前一天出發，摸黑趕路，天未破曉就抵達臺北，精神可嘉（左一的游國相是彰化農權會的重要推手）（張芳聞攝）

屏東縣農權會領隊馮清春（左）、山城領隊胡壽鐘（右）（張芳聞攝）

宜蘭農權會成立大會（稻草人基金會提供）

宜蘭農權會成立大會，李瑞雄正在發言（稻草人基金會提供）

五、社會運動工作室——農盟後勤總部

高雄社運工作室的宿舍，雖然只有七張榻榻米大，卻栽培無數的青年學子關懷鄉土，勇敢站出來（稻草人基金會提供）

　　談到1987～1988年的農民運動，一定會談到「社會運動工作室」，作為農運的後勤夥伴、「臺灣農民聯盟」成立之後的秘書處，可以說，農盟與社運工作室的合作，共同寫下臺灣農運歷史，不可磨滅的一頁。

　　「社會運動工作室」於1988年初，在高雄市成立。主要成員為陳秀賢負責活動策劃，蔡建仁負責思想理論，黃志翔負責文宣。這三位性格迥異、各擅勝場的黃金組合，讓社運工作室在初解嚴的臺灣社會自力救濟大爆發的時代，名聲響亮。社運工作室成立的目的，根據黃志翔的說法，「在落實人民真正的民主，喚醒社會大眾的權利與階級意識。」

　　社運工作室設在苓雅區，是一位老政治犯借他們的。沒有用多久，很快就搬到十全路口菜市場裡面的一間違建屋，因為，那邊的違建戶反對拆遷，找陳秀賢幫忙，更提供辦公室讓他們

農民的臉孔真動人，有男有女有老有壯
（張芳聞攝）

黃志翔（左一）、黃邦政（左二）、
陳秀賢（右二）（稻草人基金會提供）

右起：鄭朝明、許能通、蔡建仁、
王昌敏（稻草人基金會提供）

陳秀賢（左）
（稻草人基金會提供）

使用。一直到1990年冬，蔡建仁去英國，黃志翔回臺北工作，陳秀賢待在臺南協助漁民權益促進會才結束。

陳秀賢與林豐喜是舊識，愛看書的陳秀賢當時因為失業，經常到書局借書，經書店老闆陳吉雄介紹，到林豐喜的工廠幫忙了一段時間。「12.08果農抗議」之後，陳秀賢向林豐喜等人提出「賤賣農民在臺北、高雄」的構想，由山城農民權益促進會與南方雜誌社籌辦。時任南方雜誌主編的黃志翔，就透過大革會系統，號召南北兩路學生參與。熱心社會運動的陳秀賢則忙於各地農權會串聯。經過賤賣農民活動初步合作，活動一結束，就找了美國回來、在世新當教授的蔡建仁，商議成立「社會運動工作室」。

接下來由山城農權會主導的「學生農村生活營」「3.16」「4.26」農民抗議，社運工作室就成為幾波農運的後勤基地了。6月28日臺灣農民聯盟成立，林豐喜當選主席，邀請為屏東農權會成立到處奔走舉辦座談會、住在麟洛、也是客籍的馮清春老師擔任秘書長，陳秀賢是運動部部長，黃志翔擔任宣傳部部長，自然而然秘書處設在高雄的社運工作室。

農民抗議、辦生活營、需要文宣、要畫漫畫、印傳單、要聯絡、要籌備……。行政庶務由工作室執行，農盟總部擬共同議題，各地農權會也有各地區的農作問題，如山城是柑橘、梨子、蘋果，南投是香蕉，臺南有火雞農，楠西有龍眼等，在在需要溝通與協助。

5.20事件之後，農民如驚弓之鳥，林豐喜認為重建農民信心為首要之務，凝聚各地農權會的向心力，剛好，各學運社團也加進了新成員，由社運工作室籌辦了暑期農村工作隊。三個梯次60個學生，到不同縣市的鄉村活動，為期20天。這些籌備工作，沒有社會運動工作室的努力，是不可能完成的。

農盟每次行動，都有正式的會議，討論抗議活動的訴求、各地農權會組成的情況、參與的農權會能動員的人數、遊行當天的方式、規劃、職務分配等。活動結束一定召開檢討會，討論活動過程的缺失與改進、計畫的落實等，慢慢累積經驗。

黃志翔說：「我們對農民運動的期許，是喚醒農民的自主意識，特別是自身階級的利益。」農盟既然是一個喚醒農民自主意識的組織，必須把民主意識內化到組織裡面。因此每一次行動，都是召集全國各地的農權會，一起開會討論，徵求大家的意見，凝聚共識。

黃志翔認為，如果農民沒有最基礎的自主意識，要掀起能量強大的農民運動，是不可能的。從12.08、3.16、4.26到5.16，每一次活動，都是能量累積的過程。臺灣農民聯盟與社會運動工作室的合作，讓農權運動一點一滴慢慢累積出社會能量，彌足珍貴。

六、美國在臺協會與農盟的 「非官方」第一次接觸

美國在臺協會拜訪臺灣農民聯盟，前往東勢果農徐華麒的柑橘園參觀，實地瞭解柑橘園的現狀（稻草人基金會提供）

　　1988年10月10日，美國在臺協會農業組狄善、政治組吳柏年、事務組林清源三名官員，在民進黨立法院黨團助理黃宗文的陪同下，前往臺中縣豐原市拜會「臺灣農民聯盟」主席林豐喜，並就美國農產品傾銷對臺灣農業的影響、臺灣農民聯盟組織及運作、5.20事件之後農民運動的發展、反美意識等問題，進行多方面的瞭解。會後，還在農盟的安排下，前往東勢果農徐華麒的柑橘園參觀。這是美國在臺協會首度主動與反體制民間農民運動組織的第一次接觸。

　　美國在臺協會農業組狄善等三位官員與黃宗文，於10日上午9點30分抵達豐原農盟總部，與農盟主席林豐喜、副主席馮清春、王昌敏、羅隆錚、山城農權會總幹事鄭有祿等農盟幹部，進行了長達兩個半小時的對談，三名官員還特別表明，此行係「私人」拜訪。

馮清春、林豐喜、黃宗文、王昌敏、羅隆錚（左至右）
（稻草人基金會提供）

美國在臺協會拜訪臺灣農民聯盟，前往東勢果農徐華麒的柑橘園參觀，實地瞭解柑橘園的現狀（稻草人基金會提供）

針對農盟在「3.16」「4.26」兩度前往美國在臺協會抗議，三名官員表示：臺灣農產品的產銷、價格等問題，屬臺灣的內政，並非美國對臺灣施加壓力。對於中國農產品大量進口臺灣，是否會影響美國與臺灣的農業經濟，表達高度關切。

農盟主席林豐喜則針對兩度前往美國在臺協會抗議之緣由，表示當時遞交在臺協會的抗議書，已清楚表明臺灣農民的立場。臺灣農民反對的是美國採取政治性手段，大量傾銷美國農產品。農盟幹部也對美國大量傾銷水果及火雞肉表達強烈不滿。羅隆錚表示，如美方既要大量傾銷火雞肉，又要臺灣每年必須向美國購買數百萬噸的五穀雜糧，形同對臺灣農民「趕盡殺絕」。

三位官員同時針對農盟的組織、運作、未來走向、動員、代表性進行瞭解。副主席馮清春表示，農盟目前已有15個縣市農權會加入。各地農權會會員人數，多則上千，少則數百，大多是地方上具動員能力的重要推手或幹部。成員各種農民都有，如稻農、果農、畜農等。

林豐喜表示，農盟經過5.20事件的挫傷之後，目前朝向「政策性的抗爭」進行。9月19日公佈「臺灣農民聯盟對當前臺灣農業的政策主張」。20日，農民聯盟多位幹部主動與農委會副主委葛錦昭等官員，就農盟所提的政策主張，討論長達四個小時，並要求全面參加即將於11月14日舉行的全國農業會議，以清楚表明農盟的立場與主張，希望臺灣農民能得到應有的更合理的對待。

經過兩個半小時的交談，會後，在農盟的安排下，原班人馬頂著大太陽，爬了一公里多的山坡路，前往東勢果農徐華麒的柑橘園參觀，實地瞭解柑橘園的現狀。三位美國官員對於臺灣農民能夠在陡峭的山坡地種植水果，環境惡劣依然刻苦耐勞，表示非常訝異，深表感嘆，認為絕非美國農民所能想像。

三位官員臨走時表示，透過此次訪談，對臺灣農民現況，有更深刻的瞭解與體會，可謂不虛此行，將會盡快向在臺協會提出報告。

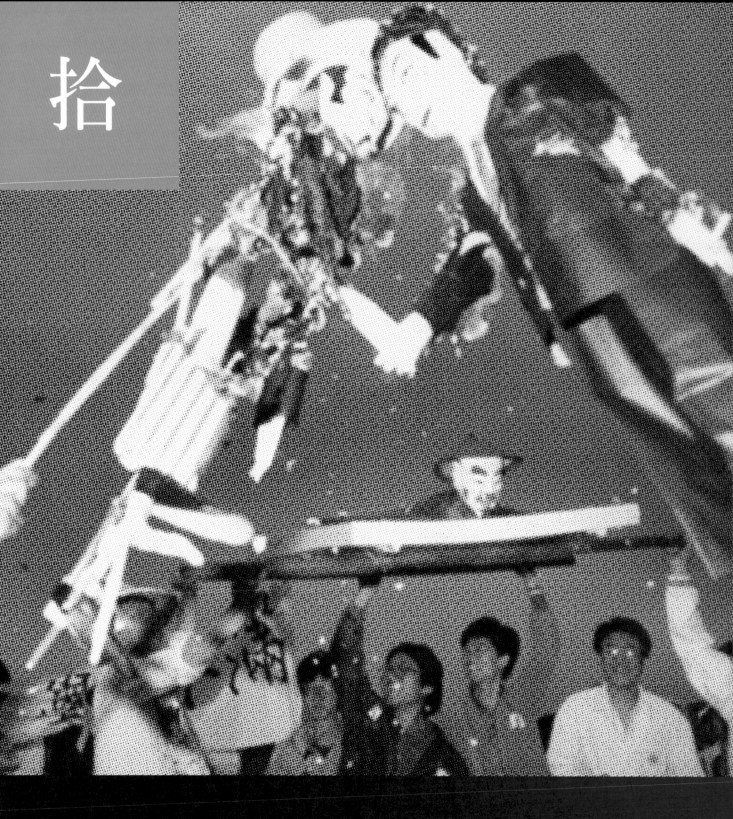

拾

農運客家身影：

硬骨硬頸　浪漫的農運客家英雄

1980年代後期，是個民怨總爆發的年代。走上街頭自力救濟，成為人民發洩憤怒的出口。

爹不疼、娘不愛，我們自己來！

看看1987年的十大自力救濟事件：鹿港反杜邦，後勁反五輕，蘭嶼反核廢料，新竹反李長榮化工廢水，南投東埔反對挖祖墳，外省老兵返鄉，教師要改革、組工會、爭人權，臺鋁反不合理資遣，愛國獎券業者爭生存，東勢、梨山果農反對外國農產品進口。

1987年12月8日，以臺中縣東勢、梨山、新社、石岡、苗栗縣卓蘭地區為主的客家果農，在承受不住美國水果大量進口的壓力下，串聯宜蘭、彰化葡萄農，四、五千名果農，踏上臺北街頭，發出怒吼，震驚各界，掀起戰後第一波農民運動。之後短短半年間，全國串聯，歷經「3.16」「4.26」「5.16」抗議，農民運動捲起一波強似一波的高潮，一直到「5.20事件」，爆發「2.28」後最嚴重的街頭流血衝突，農運戛然而止，趨於沉寂。好像劃一根火柴，點著就熄滅了。

這一波的農民運動，崛起於臺中縣的客家地區，在近半年中，領導多次農運，在各地方推動、籌組農權會成立的主要幹部，客家人占的比率相當高。

當時臺灣長久由國民黨一黨專政，距離解除長達38年又56天的戒嚴統治，也不過短短不到半年。參與社會運動是危險的事。會被打、被抓、會被判刑坐牢。甚至，家庭、事業失去一切。

然而，由於經濟面上的偶然因素，客家人在山坡地耕作，果農占很大的比重。用勞動力和土地相結合，換取生活所需。在農產商品化遭受市場開放影響時，客家農民首當其衝。使得素來被認為保守、認命的客家農民，被迫團結起來，走上抗議之途。

在整個農運發展過程中，「臺灣農民聯盟」扮演關鍵性重要的角色。有一群人，在全臺各地籌組農民權益促進會，其中不少客家子弟，放下各人的事業，付出時間，四處奔走，致力於推動農運的腳步。無論是偶然還是必然，他們都是浪漫的客家英雄！

山城農民權益促進會	
東勢	劉南熾、胡壽鐘、王昌敏、林豐喜、邱華集、余火城、徐華麒、陳秋瑞、鄭有祿
新社	鍾益郎、劉錦中、陳光博…等人
卓蘭農權會	詹永光、詹顯欽、詹玉淮、詹志達、詹益偉、蔡松秀、葉崑能、陳忠和
新竹苣林農權會	黃文淵、黃邦政、翁錦春、賴金南、葉有武、范揚賢、田仁遠
新竹峨眉農權會	黃興東、黃瑞榮、劉福助、黃琳炎、鄧　城、郭光熙、黃堯衡、梁紹維、何禮正、鍾德富、黃春日、洪進岳、郭宗鄰
新竹竹東	羅正弘
南投農權會	萬順金、黃俊源
雲林農權會（崙背）	邱鴻泳
嘉義農權會	羅逢春、林寬有、黃顯智
高雄農權會（美濃）	徐錦輝、李旺輝、邱國源、宋吉雄、鍾義和、黃幹雄、馮海雄、鍾秀梅、劉振烈
桃園農權會	吳振槖、張富忠、張貴木
屏東農權會	馮清春、曾秋梅、戴鳳烈、林政宏、李正吉
宜蘭農權會（三星）	彭壬富

.... 以及無數的無名英雄

劉南熾
農民運動急先鋒

劉南熾（邱萬興攝）

林豐喜（左）參觀劉南熾的果園
（黃裕順攝）

　　劉南熾，1953年出生於臺中縣和平鄉南勢村的農家，還沒上學就跟著家裡做農。家裡種2～3公頃的水果，梅子、李子、柿子、桃子、大梨、柑橘。在東勢還有5分地種葡萄、大梨。當時梅子外銷日本，價格很好。工人工錢一天7元，梅子一斤6元。梅子採收一年買一塊地，第二年再採收就蓋房子，所以劉南熾算是生長在較富裕的農家。原本一直住在和平山裡，唸豐原高中時，為了讀書，跟妹妹住在東勢，正要考大學時，因為父親去世，挑起長子的責任，為此沒有再繼續升學。

　　劉南熾21歲退伍後的十年間，是臺灣水果的黃金時代。專心做農的劉南熾，每天的工作就是噴藥、施肥、採收。白天採收水果，回到家，晚上還要包裝，隔天中午載到東勢果菜市場去賣。到了果菜市場，商販認定你的貨色漂亮，後面一定會催著要貨。那時梨山的梨子、蘋果也是全盛時期。東勢的果菜市場因此熱鬧非常，農民真的有賺到錢。

　　在那十年間，農閒時，劉南熾曾去楊梅幼獅工業區職訓局學冷氣空調。還跑到臺北學電機馬達。剛好遇到選舉，聽了不少黨外人士像康寧祥、康水木、陳勝宏等的演講，看了高玉樹、郭國基、郭雨新等黨外人士的書，啟蒙了他政治要改革的觀念。回到東勢，看到黃順興在選農民團體立法委員，黃順興的兒子黃逸農，背著書包替他爸爸發傳單，竟然要「偷發」，還會被警察抓，劉南熾心裡很憤慨。看到農會代表選舉，都是派系把持、同額競選，生性不服輸的劉南熾，興起了參選的念頭。沒想到竟然給他選上了，那年1985年他31歲。

　　初生之犢不畏虎，隔年5月選上東勢鎮民代表，不過，那是一票100，花了57萬7000元「買來的」。劉南熾心想，種水果那麼辛苦做得要死，選舉時眼睜睜的看著錢一直被人家搬走，心疼得不得了。決定以後不買票，沒當選就算了。

劉南熾（黃裕順攝）

劉南熾擔任義消（劉南熾提供）

劉南熾（右二）以農會監事身分檢驗日本進口的梨穗（劉南熾提供）

擔任鎮民代表時期的劉南熾
（劉南熾提供）

選舉不買票的劉南熾，後來連續當了四屆東勢鎮民代表。他走的是黨外路線，問政犀利，服務到家，認真得不得了。在代表會、農會，都以刁鑽出名、不受歡迎的大砲代表。政途一帆風順，辛辛苦苦種的水果卻開始出問題了，明明一樣漂亮的水果，竟然賣不出去。水果賣不出去，放一天熟一天，一天比一天焦慮。劉南熾跑到果菜市場去看，發現別人也賣不出去，大家都在發愁，都說進口水果太多了。一堆人乾發愁不是辦法，想了幾天，他對農民說：「我們來抗議好不好？」沒想到，問十個倒有八個說OK，讓他精神一振。

劉南熾原在代表會提很多有關「限制農產品進口」、「肥料降價」的案子，沒有得到任何迴響。他想自己是為了想改革才參選，沒想到選上了沒有用，只好去抗議。劉南熾先印了小傳單，問大家同不同意去抗議？抗議會參加嗎？沒想到反應非常熱烈。

想要抗議，劉南熾第一個找胡壽鐘。胡壽鐘是他的選民，在梨山種水果，單身，在東勢自己有房子，沒有人比他更適合了。劉南熾自己職務太多，當代表要選區跑透透，服務選民、要開會、要審預算，果園又忙不過來，若放著果園不管，鐵定會被家裡罵慘了。

就這樣，精明幹練的劉南熾找了天不收、地不管的胡壽鐘，又把兩個人都認識的鄰居、學法律、開一家鞋店的溫吞水王昌敏找來，三個臭皮匠加上胡壽鐘一個人住的房子，萬事俱備。

1987年10月26日，胡壽鐘、劉南熾、王昌敏、黃延煥，加上豐原來的林豐喜、羅隆錚、林清煌…十來個人，「東勢區果農自力救濟委員會籌備處」開張大吉。

劉南熾到現在還在做農。

胡壽鐘
為弱勢農民發出第一聲

胡壽鐘投身農運身影（曾文邦攝）

胡壽鐘（稻草人基金會提供）

　　胡壽鐘，出生在富裕的商人之家，成長於威權統治的時代，受的是黨國教育。在農民無力承受政府大量開放外國農產品沉重打擊的關鍵時刻，他挺身而出，爲弱勢農民，發出第一聲怒吼。

　　胡壽鐘，1948 年出生於臺中縣東勢鎮中科口一個富裕的商人家庭。父母親都是來自彰化永靖的客家人，原本家裡有地務農，種稻、種蔬菜。搬到東勢後，父親幫人家砍甘蔗，也開始種菜。後來在東勢買地、買果園。父母親生了三子三女，胡壽鐘是家裡的老么。三歲的時候，母親因病過世，父親終身未再娶，把整個心思都放在生意上。胡壽鐘是嬸嬸、大嫂和大姊帶大的。胡壽鐘家裡後來經營草繩間，請了一、二十個工人打草繩，還兼做醬油、收破銅爛鐵資源回收。隨著時代發展，後來改進口大豆做花生油、沙拉油、肥料買賣、運輸業、開冷凍廠等，在中科口有多家店面，貨車不知道多少輛，經濟相當的富裕。身爲老么的胡壽鐘，又是沒娘疼的孩子，自小就想什麼、有什麼，生活不虞匱乏，養成想做什麼就做什麼的任性與叛逆。

　　生長在商人之家的胡壽鐘，初中就請家教，高中就有自己的摩托車。高中原本唸的是臺中高農（今興大附農），無意中看到中國市政專科學校（今中國科技大學）在招生，決定遠離故鄉，去臺北唸書比較自由。他選了最新成立的公共衛生科。在那個時代，五專的學雜費，加上臺北住宿費、生活費，只有有錢人家的子弟才唸得起。

　　中國市政專校是國民黨青年軍創辦的黨校，黨味十足。有錢人家的子弟胡壽鐘，很快就被要求加入國民黨。有意思的是，學校老師不少是留美回來的，上課時老師經常談到美國的民主，也鼓勵他們去聽聽黨外人士黃信介、康寧祥的政見會。胡壽鐘的黨外啓蒙源於此。也因此認識同校市政科、來自桃園中壢的許傳吉，他的哥哥正是日後當了民主進步黨主席的許信良。

　　在出國還是非常不容易，必須經警備總部批准的年代，1974 年退伍的胡壽鐘，憑著國民黨籍及三民主義講習班的身分，讓他得以出國到泰國、越南、新加坡、馬來西亞、香港，看看外面的世界，也讓他第一次感受到跟臺灣不同的「自由空氣」。

　　退伍後，胡壽鐘回到臺中經營貿易，正巧碰到石油危機，虧了兩、三百萬，被父親叫回故鄉東勢，在家裡的花生油廠工作，也賣起了從泰國進口的肥料。

　　1975 年，原籍彰化埔心的黃順興，參加第一屆第二次增額立法委員選舉，選區包含臺中縣市、彰化、南投四個縣市。黃順興的姪兒，當時在青果合作社東勢分社工作，以同鄉的理由找胡壽鐘幫忙。胡壽鐘原本礙於自己是國民黨黨員沒有答應。後來打電話問彰化親戚，說黃順興在臺東口碑很好，又是打著替農民出頭的口號，只因爲是黨外，竟然沒有人敢去幫忙，這點打動了胡壽鐘。於是在 27 歲那一年，人生第一次投入助選。單純的他萬萬沒有想到，三個月的助選，竟然徹底改變胡壽鐘一生的政治認同。

胡壽鐘與山城農權會旗合影（胡壽鐘提供）

　　助選的三個月期間，胡壽鐘面臨各式各樣的辱罵、打壓、跟監、阻撓、暴力和威脅。他的同學親友紛紛對他避之唯恐不及，甚至請人轉告胡壽鐘，拜託不要去找他們，不然會害到他們。「原來幫黨外助選這麼恐怖！」個性倔強好強的胡壽鐘，一次性子火起來，在夜裡拿著黃順興的競選海報，去國民黨東勢民眾服務站貼了好幾張。在保守的東勢農村，公然向黨國勢力挑戰！

　　每天必須騎一個鐘頭的摩托車到臺中幫忙的胡壽鐘，在一次政見會場，看到又苦又窮又累的黃順興，他實在看不下去，拿了自己的存款兩萬元給黃順興（在當時，一般員工薪水大約兩三千元），讓黃順興對這個來自鄉下的青年印象深刻。兩個人也因此建立了共患難的感情。一直到多年後，胡壽鐘還專程去中國探望黃順興。黃順興總是告訴他，「臺灣一定要建立民主的國家，一定要打倒國民黨。」

　　胡壽鐘很慶幸自己的一次助選，遇到了啓蒙他民主思想的老師。然而將他帶到民進黨，讓他變成政治狂熱份子的，卻是因熱愛登山而認識的同鄉臺中縣黨員林豐喜。在林豐喜熱心引介下，胡壽鐘踏進臺中市的許榮淑服務處，當時「黨外公政會臺中分會」也設在那裡，經常在臺中公園舉辦演講、唱臺灣民謠，胡壽鐘場場必到，聽得越多、知道越多，內心激昂的一路騎車回到東勢的家。

　　1987年10月20日，民進黨「國會全面改選說明會」在東勢國小舉辦，就是那一晚，胡壽鐘在現場發著他手寫印了300張的傳單，引起林豐喜的注意，請他上臺演講，第一次上臺的胡壽鐘說的卻是「你今年的水果，價格是多少？……」

　　命運的安排，讓胡壽鐘、林豐喜在那個夜晚相逢，一場風起雲湧的農民運動，於焉展開。

註：胡壽鐘後改名胡譽鐘

王昌敏
農民運動的最佳協調者

農運中的法律人王昌敏（稻草人基金會提供）

王昌敏（稻草人基金會提供）

1987年12月8日，來自臺中山城、梨山、苗栗、彰化、宜蘭的四、五千位農民，沉默而規矩的踏上臺北街頭，農民的腳步聲，震驚了執政四十多年的中國國民黨，也踏醒了臺北的媒體和臺北市民。林豐喜、胡壽鐘、王昌敏三個來自東勢客家村落的民進黨員，因「12.08」一役成名。素昧平生的三個人，被媒體稱爲「山城三劍客」。

王昌敏一生和「農運、政治」結了不解之緣。農運是鄰居胡壽鐘來找他的。政治則是在立法委員許榮淑服務處當總幹事的林豐喜引介的。三個人個性迥異，性情溫文、講話慢條斯理的王昌敏，剛好是個性火爆的林豐喜和倔強固執的胡壽鐘之間，最好的協調者。好像是上天的安排。

王昌敏，1955年出生在臺中縣東勢鎮一個人稱「先生」的家庭。爸爸是國小老師。在日治時代，只有醫生和教師人人尊崇，同稱呼爲「先生」。王昌敏的爸爸，是臺中師範畢業的。從小，王昌敏就只有星期日才看得到爸爸回家。媽媽告訴他，爸爸在很遠很遠的南投水長流國小當老師。王昌敏記得小學六年級時，爸爸帶著他走過幾次。得先從東勢搭車到天冷，再從天冷走路走三個多小時，才會到長流國小。後來，有人跟他說，「你爸爸是被罰才調到偏遠地區的，因爲他被外省老師檢舉，下課時用日語跟同事聊天。」王昌敏覺得很奇怪，爸爸受的是日本教育，在下課時間講日語，又不是上

課時對學生講，王昌敏認爲國民黨很鴨霸，欺負臺灣人。他決定長大不要當老師，因爲爸爸當老師被欺負。他要唸法律，唸法律比較不會被人家欺負。臺中二中畢業後，王昌敏先考上政大法律系，之後轉學到臺大法律系。就是因爲唸法律，成就了他跟「農運」的因緣。

王昌敏對國民黨從來沒有好印象，唸臺大讓他對國民黨更厭惡。1978年底臺美斷交，王昌敏從美軍電臺聽到這個消息，著急的打電話給學校的軍訓室。教官不相信，還回他：「胡說八道，美國怎麼可能跟我們斷交！」打去外交部、國防部、教育部…，每個部會都說沒有。王昌敏非常生氣，「這是什麼政府啊？！人家都在電臺裡面播出新聞了，政府官員還在騙人民！是能瞞多久啊？」直到三家電視播出新聞，群情激憤，美國派特使副國務卿克里斯多福來臺，王昌敏還跑去機場丟雞蛋。

當時正逢「增額中央民意代表選舉」，臺大教授陳鼓應有參選，在校門口外圍牆製作了「民主牆」，辦演講會時，竟然被學校裡的職業學生丟水袋或石頭，看到站在臺上的陳鼓應，一邊講，還得一邊躲丟過來的大石頭，王昌敏覺得太過份了。彭明敏「臺灣自救運動宣言」事件發生後，臺大政治系的老師幾乎全是外省人。教憲法的李鴻禧是嘉義人，東京大學法學博士，他的課程竟然有兩百多位學生修。那麼受學生尊崇的李鴻禧，到退休還是「講師」。顧立雄、王美花、陳文茜都是王昌敏的同班同學。林義

雄家發生「林宅血案」，他還跟陳文茜去拈香。王昌敏的黨外因子，讓他考法官跟律師，考了好幾次都沒能考上。

畢業後，王昌敏到南山人壽工作，整個南山人壽只有他一個臺大法律畢業的。在那個重視家世背景學歷的年代，王昌敏被公司列為「重點栽培對象」，還被派到香港受訓。因為父親生病回到家鄉。

回到家的王昌敏，先是幫忙生病的爸爸照顧鞋店。他在臺北保險公司月薪2萬，照顧鞋店每個月收入有5、6萬，遇到過年「穿新衣戴新帽換新鞋」的傳統，一個新年可以賺個5、60萬，是保險公司的30倍，還可以陪伴老父老母承歡膝下。王昌敏乾脆辭掉保險公司的工作留在家鄉了，那年他32歲，自己也沒有想到，這一留就是一生了。

參加農運，是因為唸法律。當時東勢唸臺大法律系的是稀有動物，除了王昌敏，之後十多年，還沒有第二個人考上。回鄉的王昌敏，成為眾人的「義務律師」，遇到法律問題，大家都說「去找王昌敏」。光是寫狀紙都不知道寫了多少份。王昌敏天生一張笑臉和一副好脾氣，法律服務跟鞋店的生意倒也相輔相成。日子過得倒也逍遙自在。一直到胡壽鐘、劉南熾找上門，請他掛農民自力救濟委員會的法律顧問，當然是無給職。

王昌敏在1990及1994年參加過兩次臺中縣議員選舉落選。其中一次，胡壽鐘還是他的對手。選區都在故鄉山城東勢、新社、和平、石岡。都掛民進黨籍。他和劉南熾等合夥賣肥料。現在還在幫在地的同黨籍議員跑行程。

頭禿了，溫吞的招牌笑容依舊。對了，王昌敏說，他的同班同學還有一位蔡英文。

林豐喜
為人生寫下一頁傳奇的農運領袖

林豐喜（曾文邦攝）

從 1950 年 12 月 8 日，打著「農亡國亡」的旗號，指揮著四千多名素來最認命、最保守的農民，踏上繽紛繁華的臺北街頭示威抗議，林豐喜第一次踏上眾星雲集的政治舞臺，經過「3.16」「4.26」「5.16」一波強似一波的衝擊，短短半年內，沉寂一甲子的臺灣農民運動風起雲湧，「林豐喜」成為跟政治人物一樣，具有高知名度與見報率的農運領袖，林豐喜創造了當時反體制運動，幾乎不可能的奇蹟，公職不再只是街頭運動中唯一耀眼的明星，沒有公職，也能捲起街頭狂飆，林豐喜為當時從事政治反對運動的地方黨工，開創出一片海闊天空。在農運因 5.20 事件沉寂後，林豐喜因為幫從美國回臺的楊嘉猷參選臺中縣長，臨危受命擔任總幹事，意外踏入政壇，當選兩屆縣議員、成為臺中縣四十多年來，第一位反對黨（民進黨）縣議員、連任三屆立法委員、創下臺中縣政壇無數個第一的紀錄。小學畢業、市井出身的林豐喜，也為自己的人生，寫下一頁傳奇。

　　林豐喜，1950 年出生於東勢鎮大茅埔（現在的慶東里）殷實的農家。林豐喜常說，他是「有錢人的孫子，窮苦人的兒子」。他的爺爺在日治時代運輸業務做很大，有兩家貨運行、擁有造路證、造橋證，相當於現在的營造商，可謂白手起家。之後營造開始有招標制度，爺爺既不懂招標也不擅應酬，終因為人作保，拖垮了事業，也賣掉所有的家產。只剩下起家厝。分家後，全家被迫搬離老家，家無恆產，過著顛沛流離的生活。當時林豐喜小學四年級。

　　林豐喜記得全盛時期，家裡經常宴客，天天高朋滿座，車如流水熱鬧非常。每逢選舉，地方紅黑派候選人都會來家裡，一麻袋一麻袋的搬錢，辦什麼事，也是來家裡要求「樂捐」。爺爺失敗後，門前冷落車馬稀，原本老家前一次可以曬幾千斤稻穀的廣場，都長了青苔，走路還會滑倒。人間冷暖，林豐喜感受深刻，從小就對國民黨非常厭惡、瞧不起，一生從未加入國民黨。

　　小學五年級，林豐喜的母親帶著一家搬到豐原租房子。林豐喜的爸爸，原本是花錢如流水的富家長子，長年累月不見蹤影，堅毅的母親挑起養育六個子女兼還家裡債務的重任，什麼工都做，再苦也咬牙撐下去。林豐喜知道母親的艱難，事母至孝，一輩子只有媽媽講的話、交代的事，不敢違背。

　　從客家庄搬到豐原的林豐喜，轉學到講臺語的富春國校，因為言語不通，經常打架逃學，又擔心家計，無心好好讀書。小學畢業那天，連畢業典禮都沒來得及參加，就被父親帶到屏東做工，賺錢貼補家用。做童工三個月，擔心家裡母親的狀況，林豐喜連搭火車的錢都沒有就逃回豐原。開始賣冰棒、撿破銅爛鐵，只要能賺錢，什麼工都肯做。所以林豐喜正式的學歷，只有小學畢業，沒能好好接受學院教育。然而一個 10 歲的孩童，從天堂跌到地獄、跟著母親一肩挑起養家活口的重擔，艱苦的成長過程，身心的折磨，這個社會給他的教育，讓他一生受用，足足可以拿好幾個博士。

　　20 歲那年，林豐喜入伍，當了三年兵，都在金門前線，當的是蛙人。由於表現傑出，還當教官、代理情報作戰官、訓練官。政戰官說所有幹部一定要加入國民黨，林豐喜舉手要輔導

長拿公文給他看，否則不可能入黨。蛙人堅苦卓絕的訓練，也讓林豐喜吃苦耐勞的功力倍增。

退伍後的林豐喜，因為家裡窮苦，眼看母親為了賣豆腐、賣鴨毛、鵝毛，挑重擔挑到背都駝了，為了要減輕母親的負擔，他拚命的工作賺錢。做過農、幹過鐵工、採過礦、當船員出過海，也曾是臺電、高速公路的地質鑽探工，是一個不折不扣的勞動者。後來做木器、小傢俱，小有所成。1975年左右，偶然認識了在豐原開三民書局、印刷廠的黨外人士陳吉雄，藉著黨外雜誌、書籍，一夥人經常聚會討論、參加黨外活動，成了熱心的黨外人士。

林豐喜說，「美麗島雜誌臺中分社」當時掛名主任的是吳哲朗，雜誌社實際開銷的水電、房租、辦活動、雜支等，都是臺中市的賴茂州、他和幾個熱心人士捐助的。一直到美麗島事件爆發，美麗島雜誌只出了四期，他們幾個人前後花了好幾十萬。之後幫忙黨外人士助選。在許榮淑參選中部四縣市的立法委員當選後，林豐喜成為許榮淑臺中縣服務處的總幹事。

事業小有所成之後，熱心公益的林豐喜積極參加社團活動，因為熱愛爬山，被推舉為潭子登山會長，因此認識東勢登山會的胡壽鐘，他們曾經結合臺中縣五個登山會，發起史無前例的「淨山運動」，背垃圾下山，登山顧環保，這在當年可是相當前進的。1984年第一屆登山大會師，林豐喜擔任召集人。他也曾經將潭子13個村集合起來，以村為單位，組織「守望相助隊」，由村中的壯丁，每天晚上10點到清晨4點，輪流在村中巡邏守衛，這也是全臺首創。還應警政署之邀，做示範表演，拍成錄影帶，供全臺推廣、教學用。後來認識也是東勢人、學法律的王昌敏，林豐喜引介胡壽鐘與王昌敏兩人參與許榮淑服務處的事務，王昌敏管錢管得很好。民進黨成立後，三個人也都成為民進黨臺中縣黨部的創黨黨員。從來沒有想到素昧平生、背景各異的三個東勢人，因為農民運動，結了不解之緣。

或許是少時失學，林豐喜對不懂的事情，有著強烈的求知慾，往往會先仔細觀察，再問個清楚，回家想個明白。因為性情大度、熱心公益，林豐喜人緣非常好，是個椅子坐不住的人。成天在外，走到那看到那。讓他擁有相較於常人，多方面非常豐富的知識。更因為農家出身，自小做農，農業方面的知識更是豐富。1988年，林豐喜以「臺灣農民聯盟主席」身份應邀去日本參加「世界糧食自主會議」時，去機場接他的日本農業博士李宗藩，後來盛讚不已。他告訴林豐喜說，

林豐喜（右）與馮清春兩人亦師亦友（稻草人基金會提供）

林豐喜宣誓就職第三屆立法委員（稻草人基金會提供）

日本農運人士為林豐喜入獄壯行
（稻草人基金會提供）

農盟主席交接，好友李宗藩博士致詞，後座為林豐喜
（稻草人基金會提供）

林豐喜宣誓臺中縣議員就職第一天

林豐喜與母親林張純娘女士（稻草人基金會提供）

3.16 農運總指揮林豐喜
（稻草人基金會提供）

街頭運動中的林豐喜，指揮若定、能進知退，農運夥伴
都能放心跟著他走（張芳聞攝）

原本心裡想：「臺灣是沒有人才嗎？怎麼派一個小學畢業的人，來參加世界性的會議。」沒料到從機場到飯店的計程車上，與林豐喜聊起農業的種種，讓他立刻改觀，稱讚不已！之後，林豐喜與李宗藩兩人相互欣賞。1989年，李宗藩應林豐喜、許信良之邀，返鄉回臺南參選臺南縣長。李宗藩邀請林豐喜當他的總幹事，那一次李宗藩雖然落選，卻在臺南縣造成轟動，

為日後陳水扁參選臺南縣長當先鋒、打基礎。

1987年9、10月，林豐喜一直聽說水果價格很差還賣不出去，因此特地到路邊攤一看，「糟糕！怎麼那麼多的進口水果？」他說長眼睛第一次看到奇異果，還有香吉士。最嚴重的是蘋果。梨山下來的梨子、蘋果，便宜到連紙箱錢都不夠！他打電話去國貿局問，「為什麼進口那麼多水果？」才知道原來農民團體的立法委

員蘇火燈、蔡友土，拚命的登記進口。這時，胡壽鐘跟王昌敏找上門來，說起山城水果敗市，農民坐困愁城，跟劉南熾想要去抗議，不知如何著手，想到林豐喜搞黨外運動那麼久，比較有街頭的經驗…。

凡事說到做到的急驚風林豐喜，個性溫和、想清楚再動手、學法律當不成律師的慢郎中王昌敏，再加上個性叛逆、想做什麼就非做不可的胡壽鐘，三個客家青年，因農民運動被媒體稱為「山城三劍客」，三人合體出擊，沉寂一甲子的臺灣農民運動風起雲湧。

熱情、豪放的林豐喜，說起話來「三鋤頭、兩畚箕」，絲毫不拖泥帶水。精力充沛、記憶過人。沒有看到床就不知道累。在農運夥伴的眼中，是個大手大腳、氣魄十足的人。多次街頭運動中，他指揮若定、掌握現場群眾、能進知退的能力，讓農運夥伴放心跟著他走。「3.16」「4.26」之後，林豐喜背負兩件農運官司，表明承擔、持續的堅持，是他能夠得到來自全臺灣各地農運幹部的肯定與跟隨的主要因素。新竹的黃邦政老師曾經公開說，林豐喜心胸開闊，為人處世落落大方，非凡人所及。屏東的馮清春老師，對於林豐喜則是看在眼中、疼在心中，也總會在關鍵時刻，提醒林豐喜及時煞車，因為農民運動的因緣際會，彼此結為良師益友。

1989年4月，軍人出身的行政院長郝柏村，為殺雞儆猴整肅農運人士，未經開庭即下令通緝林豐喜。隨即被收押在土城看守所13天，日韓農運人士曾上書總統李登輝，展開國際救援行動。後竟以破天荒的高價30萬元交保。

1990年1月，林豐喜在豐原、后里，以第一高票清白當選第12屆臺中縣議員，為四十餘年來，臺中縣第一位反對黨（民進黨）縣議員。隔年3月，纏訟多年的農運官司定讞，縣議員隨即被解職，總共做了一年又13天。臺中縣議會失去制衡的力量，再度淪為府會一家一言堂。林豐喜1991年6月入監服刑半年。

1994年元月，林豐喜回到故鄉山城參選，再度當選第13屆縣議員。3月他率先提案，要求縣府編列預算，對全縣65歲以上老人，每月發放敬老年金伍仟元案，得到朝野兩黨29位議員連署過半通過。為全臺灣第一位提案通過的議員。

1996年林豐喜當選第三屆立法委員，並連任第四屆、第五屆。擔任立法委員九年期間，林豐喜皆以為弱勢農民代言的角色，加入立法院經濟委員會。為農民爭取權益，始終如一。

馮清春
天地瀟灑　無鋤老農

徐啓鈞創作展開幕致詞（馮清春老師家屬提供）

1987.07.25 農運下鄉，至美濃農家發表農業演講（馮清春老師家屬提供）

1988.12.28 臺北「還我母語遊行」，林豐喜（左一）與馮清春（左二）在宣傳車上（馮清春老師家屬提供）

「臺灣農民聯盟」副主席馮清春，大家都管他叫「馮老師」。

馮清春，1934年出生於六堆前堆徑仔庄農村（現屏東縣麟洛鄉田道村）一個客家村落，當時還是日治時期。終其一生，馮清春嘴上最常掛著的一句話是「我的原鄉在六堆，我是客家人，我更是臺灣人」。馮清春出生的時候，父親已53歲高齡。他說與父親的關係，不像父子，倒像祖孫。他父親只讀了三年的唐書，每天都要下田耕作，卻寫得一手端正俊秀的毛筆字。父親過世時，他16歲，還在屏東中學唸初中。過世前幾天，父親對馮清春說：「你們的名字，都有個春字，就是有餘的意思，清就是要清清白白的做人。」馮清春也寫得一手漂亮的毛筆字，農民運動、客家運動走上街頭的毛筆字，都出自於馮清春親手所寫。一輩子清清白白做人，任誰見到他，都真心誠意的叫一聲「馮老師」。

馮清春18歲那年，同時考取臺南和屏東師範學校，奉母命在家鄉就讀。1955年師範畢業，服四個月的士官役後，奉派屏東高樹鄉舊寮國校任教，小學老師當了11年。滿懷百年樹人、熱情正直的馮清春老師，看不慣學校校長強迫教師要為學生惡性補習，而教育局又要抓惡補的矛盾，無法接受黨國教育體制的謊言，憤而辭去教職，和他的恩師鍾招金、車轟三人，創辦私立永達工專，進入董事會仍兼任教職。五年後辭去永達工專所有職務，投入養雞事業，那年他38歲。

從1971年開始投筆從農的馮清春，足足養了20年的雞，到過麟洛養雞場採訪馮清春的記者，看他在雞舍忙進忙出，都說馮老師「日理萬雞」，老師倒也含笑接受。養雞之餘，馮老師同時也是屏東出身的客籍立法委員邱連輝服務處的總幹事。1977年，邱連輝脫離國民黨，不惜一切代價，競選省議員時，與邱連輝弟弟邱連喜同學的馮清春，基於對反對運動的認同，投入反對運動的陣營，成為邱連輝的得力助手。1979年12月10日美麗島事件爆發，深感臺灣民主運動，需要有識者共同努力，馮清春終於踏上推動臺灣追求民主的不歸路。沒有想到自從1988年投入農民運動後，馮清春從教師、民主運動到走上街頭成為農民運動、還我母語客家運動的尖兵，把他又拉回農民的階級。人生已過半百、當時55歲的馮清春，自嘲他是「天蠶再變」，已找到人生要走的路，不惜付出一切，也絕不後悔。馮清春對於投入社會改革運動的一往情深，無暇顧及個人的事業，養雞場終究在四年後，也不得不走上關門之路。當時的馮清春，並不知道上天的安排，還有更多的使命，要由他來承擔。

馮清春出生在兄弟姐妹人口眾多、食指浩繁，不辛苦下田，不足以養家活口的農家，經歷過二次世界大戰後，農村的破敗。自身投入養雞事業20年，對於農民的處境，知識份子的馮清春，有親歷深刻的體會與不平。雞農的他，常以雞蛋為例，他說：「每一次商人來載雞蛋，我就感嘆自己的心血被廉價載走了。一種農民的犧牲不被社會重視的感慨，油然而生。」在專制政權底下，農民只是毫無尊嚴的工具。這也正是為什麼馮清春在投入農民運動之後，想為農民爭取權益，認定自己已經找到人生要走的方向的原因。

1991年12月因農民運動入獄的林豐喜坐牢期滿光榮返鄉，歡迎會由馮清春（右）主持（林純美攝）

馮清春常笑說，「參加農民運動是我自投羅網」。1987年「12.08」山城果農四、五千人到臺北抗議的新聞大幅見報後，他主動與林豐喜聯絡，多次參加山城農權會的會議與活動。他也親自帶領屏東的農民，參加「3.16」行動。隨即自4月一開始，在屏東縣包括麟洛、里港、長治、高樹、內埔、枋寮…等14個鄉鎮市，舉辦了第一梯次的農民座談會，一個人開車跑遍狹長的屏東縣，企圖激起農民運動的火花。教師出身的馮老師，相信透過教育，每一個人都可以成長、進步、自覺的。他鍥而不捨的精神，也感動不少追隨者，跟著馮老師規劃第二梯次、第三梯次的農民座談會。馮老師到處「跑車」，不時坐滿了一車，出現在屏東縣各角落鄉村，進行各地農運火種的串聯，期望能開花結果。他是屏東農民權益促進運動的催生、教育、領航的人。

1988年秋天，時任「臺灣農民聯盟」主席的林豐喜，應客屬總會理事長陳子欽之託，以推動農民運動的經驗，幫忙籌劃「12.28客家還我母語運動」。林豐喜當即拜託亦師亦友的農盟副主席兼秘書長馮清春老師共襄盛舉。兩人同樣擔任還我母語大遊行的副總指揮。11月，馮老師在內埔鄉公所舉辦「12.28客家還我母語運動」說明會，主要訴求為推動客語教育、開放客語廣播電視、修改廣電法中對方言的限制等。身為客家人，推動客家權益，馮老師認為責無旁貸。臺灣客家族群的客家意識，確實是「12.28」這場還我母語運動激發出來的。自此馮老師將往後30年歲月，除了農民運動之外，也投入了客家文化的推動、扎根與傳承。

1989年馮清春老師與鍾孝上發起客家權益促進會六堆分會；1992年創辦屏東縣客家公益會，擔任創會會長；2000年參與臺灣南社創社；2002年創立六堆原鄉讀書會，擔任會長；2003年創辦屏東縣大蠻牯環境保育協會，擔任理事長；2007年臺灣客社成立，擔任副社長；同年催生「六堆生活學院」經營計劃，期望以屏東縣客家文物館為基地，以客家社區大學的模式，讓文化與教育扎根在六堆的土地上。1996年林豐喜在臺中縣高票當選第三屆立法委員，他的國會辦公室主任，當然是馮清春老師。62歲，天天到立法院上班，馮清春知道自己名為主任，實為督軍，督促少他16歲的林豐喜要百尺竿頭更進一步、日新又新。在馮清春老師的協助下，林豐喜連任第3、4、5屆立法委員，成為打破臺中縣民進黨籍立法委員無法連任紀錄的第一人。

與馮老師相處過的人都知道，教師出身的馮清春老師，最疼愛最支持的，莫過於年輕人與孩童。2009年他發起屏東縣深耕永續發展協會，擔任理事長，支持年輕人在屏東共創鄉土的未來。2010年他發起成立大武山文學創作協會。2012年財團法人六堆學文化藝術基金會成立，馮老師擔任董事。2014年到2016年，馮清春老師獲邀回到執教母校麟洛國小擔任「耆老講故事」，是最受小朋友喜歡的馮爺爺，他們都聽過「從麟洛人到臺灣人」、「客家的故事」。

馮清春老師於2017年9月23日安祥辭世，享年83歲。馮老師遠行的那一天，來自全臺各地的親朋故舊、特別是許許多多年輕的面孔，紛紛前來向敬愛的馮老師告別。

對農民運動的夥伴而言，馮老師像遠行的家人，是心目中永遠的馮老師！

黃文淵
客家運動就是工農運動

3.16 農運中的黃文淵（曾文邦攝）

黃文淵在新竹農權會組訓
（李梅金攝）

談到1987～1988年風起雲湧的農民運動，一定會談到當時全臺各地籌組農民權益促進會的盛況。而談到各地農權會，其中發展最快、最紮實的，莫過於被公認是黨外沙漠的新竹縣。說到新竹縣農權會，在短短不到半年內，成立了峨眉、芎林兩鄉的農權會，各擁有三、四百名會員，橫山、新埔、竹北也打算接續成立。黃邦政、黃文淵、黃興東三位素昧平生的客家籍青年農民之大力奔走，功不可沒。三黃之中，黃文淵居首功，因為，黃興東是黃邦政找來的，而黃邦政可是黃文淵「四顧茅廬」三合院門口罰站才顧來的。

黃文淵，1954年出生於新竹縣芎林鄉鹿寮村，一個連道路都沒有、最近的鄰居在500公尺外的貧困農村。家裡有七個兄弟姊妹，他排行老五。初中時，每天得走八公里路去唸現在的芎林國中。初中畢業後，就像那個年代戰後嬰兒潮出生、大多數窮人家的孩子，離鄉到臺北工作，加入賺錢養家的行列。想繼續唸書只有上夜校，還是補校，現在叫莊敬高職。黃文淵在臺北待了八年。

一次颱風過後，回到只剩父母兩個老人的老家，眼前因連日豪雨泥土牆都垮下來的破敗景像，一夜輾轉難眠，黃文淵決定返回要走一公里才有大馬路的故鄉，陪伴死守老家的父母。當時農村已凋零，無法靠農業養家活口。

黃文淵家裡的地其實還不少，3公頃茶園、3分多梯田，2、3分的魚池。他回憶曾經挑100公斤的稻穀，走2、3公里去碾米，碾完再走2、3公里回家。曾經半路上想把那擔米丟到河裡去。他一輩子辛苦務農的父親，在39歲那年，被正中午的太陽曬到中暑，昏倒在田裡。眾人抬他到十多公里外的竹東，人是救活了，身體卻不行了，整個瘦到像骷髏般，還是工作到七十多歲。黃文淵想，務農這麼辛苦也沒用，還是去做工吧，等了兩年，他才等到去離家最近的亞洲水泥工作。

進公司不到兩年，因主管叫他參選公會幹部，才走上工運的道路。因為搞工會才認識長期支援工會抗爭、社運界無人不知的臺大社會系教授張曉春，還有出身夏潮雜誌、後來組工黨、勞動黨的汪立峽，還有後來的勞動黨主席羅美文。黃文淵因此走上勞工運動的不歸路。

1987年底，黃文淵看到報紙登得老大篇說，臺中縣東勢的柑橘農因美國農產品大量進口，影響臺灣的柑橘價格低賤到賣不出去，果農好幾千人到臺北抗議，身為農民的他，特地跑到東勢去找開皮鞋店的王昌敏，兩人相談甚歡，他告訴王昌敏說，自己也想要在新竹搞。

一個偶然的機會，他向竹東一位民進黨籍的醫生劉泰邦，提起農運之事，劉泰邦介紹他去找也是芎林人、做農的黃邦政。黃文淵在黃邦政家三合院的門口罰站，聽黃邦政高談闊論滔滔不絕，卻什麼也沒答應。直到第四次，黃邦政才終於點頭，足足比劉備三顧茅廬還多了一次。也因為被黃文淵四顧茅廬的誠意打動，才成就了新竹農運的威名。

新竹農權會是全臺第一個正式登記的，登記的人，正是黃文淵。農民為底、工運起家的黃文淵說：「真正的客家運動是什麼？其實是工農運動。」臺灣的工人、農民運動，很大部份是客家人，兩者其實是重疊的。客家人上街頭，我們去支持客家人。

黃邦政
新竹農權會的大檔頭

黃邦政（李梅金攝）

黃邦政（右）與胡壽鐘
（胡譽鐘提供）

　　黃邦政，1942年出生於新竹縣客家村落芎林鄉石潭村。貧窮農家子弟，重視晴耕雨讀的父親，讓黃邦政能夠唸到大學畢業。在那個大家都很窮的年代，讀商好討賺，黃邦政唸的是淡江文理學院商學系。

　　服完兵役，由於父母年事已高，家裡又缺人手，黃邦政離開都市的繁華，回家鄉芎林國中當老師，一教就是八年。期間，兄長替手年邁雙親照顧果園。當時適逢臺灣農村經濟走到凋零期，黃邦政算一算種植水稻已經毫無利潤，他費盡口舌，說服父親及兄長，賣掉一甲二分的水田，換成山坡地，改種海梨柑（桶柑）。

　　八年鄉村教師生涯，黃邦政對於故鄉的閉塞落後、毫無建設憂心不已。又擔心荒廢自己專業所學，考慮子女發展，又舉家前往繁華的臺北，從事貿易工作。誰知不到五年時間，長兄竟因為噴灑農藥過多，肝硬化過世，還因為治病花了近百萬元。為了扶養兄長留下的三個孩子、果園也必須有人照顧，黃邦政只好又回到故鄉芎林，當起專業果農，辛勤多年、認真鑽研改良，黃邦政每年收成高達6萬斤。誰知，美國農產品大量進口臺灣，臺灣的水果應聲倒地。原本一斤22元的海梨，竟然跌到10元，新竹縣農家普遍都已改種海梨，眼看盛產大月即將來臨，跟所有的果農一樣，黃邦政憂心忡忡。

　　1987年12月8日，五千東勢山城果農至臺北抗議的新聞，深深觸動了黃邦政沉寂已久的心靈。而自「12.08」之後，市場的水果價格出現止跌回升的現象。澎湃洶湧的思緒，讓黃邦政輾轉反側，失眠了好多天，白天在果園工作，

　　差點被鋸子割傷。那一日從山上下來，看到一個三十出頭的陌生人，迎上前來，自我介紹說他是新竹亞洲水泥的工會幹部，前不久年終獎金抗議帶頭的就是他，黃文淵。

　　素來沉默、不擅交際的黃邦政，不知怎的，嘩啦嘩啦話匣子一開，竟說個沒完，兩個人站在三合院的門口，從夕陽餘暉說到月上山頭，黃文淵這個工運健將只有聽的份。然後黃邦政什麼招呼也沒打，就兀自進門去，黃文淵只好丟一句「我下次再來！」摸摸鼻子走人。

　　一回生、二回熟，兩人見面談的都是農民與工人的問題，一直到黃文淵第四次上門，黃邦政終於點頭答應一起搞農權會。兩人立刻遠赴臺中縣東勢，找到王昌敏請教如何籌組、動員農民的種種問題。

　　充滿行動力的黃邦政跟黃文淵，「12.08」一個月後剛開年的1月16日，新竹縣第一次農民座談會就在他們熟悉的家鄉芎林開始了。小小的屋子內，竟然坐得滿滿的，六十多個農民呢！黃邦政、黃文淵兩個人受到莫大的鼓舞。萬事起頭難，第一步既然踏出去了，謹慎務實的黃邦政，決定一村一村的辦座談，一件一件的說給農民聽，想活下去就要靠自己。農民的權利靠農民自己去爭取。一連辦了兩個月，足跡踏遍芎林、新埔、峨眉三個鄉鎮。加入會員的農民超過一千人。農權會的名聲在保守的新竹縣農村各角落傳播。

　　在全鄉人口只有八千的峨眉，黃邦政找到第一大姓家族出身，爸爸是農會理事長的黃興東，

3.16 行動，總指揮林豐喜（左三）、黃邦政（右二）、王昌敏（右一）、馮清春（左二）、孫長川（左一）
在警方陪同下，向美國在臺協會遞送抗議書（邱萬興攝）

以及爸爸是峨眉鄉長的黃瑞榮這兩個堂兄弟，
憑著兩兄弟的人脈跟好人緣，4月5日峨眉農權
會成立的那一天，參加的人潮，把會場擠得滿
滿的。光是現場加入會員的，就有兩百五十多
位。

黃邦政自家的芎林農權會，於4月10日成立，
成立大會當天鄉長黃隆盛、農會總幹事劉仁添，
連民眾「特」務站主任朱榮土都到場祝賀，還
從頭坐到尾。新竹農權會的存在與未來發展，
就像高個子的黃邦政，很具客家風格「沉默而
踏實」。

工農運兩肩挑的黃文淵，對於新竹縣農運的
組織跟發展深慶得人。他說：「找對人、做對
事！」原本素昧平生的黃邦政、黃興東、黃文
淵，三黃的相遇，成就了新竹農權會的傳說，
在1987～1988年的農民運動，留下燦爛的一
頁。

黃興東
膽識過人 硬頸硬骨的世家子弟

黃興東（李梅金攝）

3.16 行動時黃興東（左）燃燒紙糊的反美人偶以示抗議（曾文邦攝）

1988年4月5日上午，芎林農民權益促進會成立前的說明會上，站在臺上致詞的是國民黨芎林民眾服務站主任朱榮土，他以客語呼籲在場的農民：「不要被有心份子利用。如果你們遇到什麼困難，民眾服務站會幫助農民解決，國民黨永遠和農民站在一起。」這時，坐在臺下的黃興東突然站起來，高聲的指責朱榮土發言不當、喧賓奪主⋯。黃興東的發言立刻贏得全場熱烈的鼓掌，只見朱榮土臉色鐵青、坐立難安，一直挨到會議結束，起身落荒而逃。當時，黃興東33歲。

1955年出生的黃興東，新竹峨眉鄉人。黃家在峨眉可是第一大姓。黃興東是家裡的長子，順順利利的唸到世界新專編導科畢業。當時，五專的學費，可不是一般家庭負擔得起的。退伍後，到臺北的旅行社工作。兩年後跑到中壢開設汽車保養廠。兩年後，一如其他離鄉在外打拚的客家子弟，由於雙親年事已高，身為長子的黃興東，責無旁貸的必須回到家鄉陪伴父母、繼承家產、照顧果園。

黃興東出身教師家庭。父親非常重視教育。他與兩個弟弟、一個妹妹都受到專科、大學的教育。妹妹也在中壢南勢國小任教。黃家在峨眉頗受鄉人敬重。父親黃憲清新竹師範畢業後，返鄉在峨眉國小教書，一直待到退休。1985年在地方人士的擁戴下，擔任峨眉鄉農會理事長。

黃興東的堂叔黃子能，也是新竹師範畢業，與黃憲清兩兄弟同時分任峨眉國小的教務、訓導主任，兩兄弟桃李滿天下。黃子能才當選第十屆峨眉鄉長，地方傳為美談。

回到家鄉的黃興東，轉換身份開始學習當果農，四甲多的果園種的是柑橘，還跨足淡水魚養殖。就在投筆從農的黃興東，感覺越來越順手的時候，柑橘價格卻一年不如一年，1988年更慘，賣不到工錢。這一天，黃興東開著小發

黃興東（李梅金攝）

財，去芎林果菜市場販售桶柑時，巧遇賴金南，兩人聊起來，黃興東才知道賴金南是農權會的幹部。兩人聊起前不久果農去臺北抗議的事。

正在為農權會四處奔走的賴金南，遇到黃興東，得知他是峨眉黃家，老爸還是農會理事長、家族有人是現任的鄉長、代表，如獲至寶，隔天就和黃邦政、黃文淵登門拜訪。出乎意料之外，黃興東的爸爸身為農會當權派，聽聞黃邦政一行人的來意，以及想在峨眉找到適當的人組織農權會，經過一番懇談，竟然大表支持。黃興東與伯父的兒子、現任鄉民代表黃瑞榮兩個堂兄弟，在家長的點頭下，出面籌組農權會。

峨眉農權會就在「當權好辦事」的情況下，工作順利推展。黃興東還應山城農權會之邀，到臺中參加「3.16抗議」行前會。兩天內動員兩輛遊覽車，近百人參加「3.16」抗議。峨眉農權會在4月5日正式成立，比黃邦政的芎林農權會還早五天，是新竹縣農權會第一個成立的地方組織。峨眉農權會成立當天，黃興東家三兄弟煥東、治東夫妻全家總動員，三、四百位農民出席，這在人口不到八千人的峨眉，可是有史以來最大的場面。9位理事、3位監事，都

是一票票選出來的。黃興東不負眾望，當選理事主席，黃春日當選常務監事，黃瑞榮代表被推選為執行長。

新竹縣農權會自3.16開始，4.26、5.16抗議無役不與，每次出去抗議就是至少峨眉四輛、芎林四輛，基本盤共八臺遊覽車。全臺第二個農民服務中心，6月12日也在新竹成立。

寫得一手好字、總是笑臉迎人的黃興東，由他擔任主席的會議，總是可以聽到從會場不時傳出的笑聲。好人緣的黃興東，在農民聯盟裡是眾人疼愛的小老弟。「4.26」行動當天，在臺北市警察局前面，警方有人趁亂拔走總指揮車的鑰匙，造成場面極為混亂，衝突一觸即發的時刻，當市警局副分局長王化榛登上指揮車試圖安撫群眾時，但見黃興東也跳上前去，大聲要求王化榛把拔鑰匙的無理行為，說個清楚明白，讓大家更認識這位硬頸硬骨、膽識過人的客家後生。

黃興東2018年因病辭世。享年63。他的弟弟黃治東說，「哥哥是很堅持的人，頗有才華。」

拾壹

農民運動訴求的實現

一、全面實施農民
健康保險

1985年，開始推動試辦農民健康保險，並以基層農會爲投保單位。1989年頒布實施《農民健康保險條例》（農保），正式全面辦理農民健康保險業務，農民始享有生育、傷病醫療、殘廢及喪葬津貼等社會風險保障。1995年開辦「全民健康保險」後，將農保的醫療給付項目移撥到全民健保。

2008年修正《農民健康保險條例》時，針對尚未能領取老農津貼者，讓其從農保退保，轉保「國民年金保險」（國保）。該次修正除將原本屬地的戶籍投保制，修正爲屬人主義的投保制，也確認農保與國保間爲同等的選擇權，並放寬勞農重複加保，農民亦可參加「勞工職災保險」，在農暇兼業時再參加勞保。2015年，修正《農民健康保險條例》第5條，解決過去農民因農保加保身分差異而衍生之爭議。2018年開始試辦農民職業災害保險，提供傷病給付、身心障礙給付、就醫津貼及喪葬津貼四種保險支付，計有31.9萬人加保。2020年開辦農民退休儲金，依《農民退休儲金條例》提繳農民退休儲金之農民，於年滿65歲時得請領該儲金，計有9.3萬人投保。

二、肥料自由買賣

　　2002年加入WTO後，公營肥料於2003年初回歸市場機制，政府退出肥料供銷體系，肥料買賣全面自由化。農民可向農會、青果社、蔗農合作社或肥料商等購買肥料，肥料價格亦由市場機制決定。但該年3月美國與伊拉克開戰，國內化學肥料價格也隨國際製肥原料價格上漲影響而多次調漲，政府因而自2004年9月起對化學肥料價格採取「凍漲」措施，並辦理運費、尿素等補助。2007年因國際製肥原料價格大漲，部分肥料廠商不敷成本停止供應，導致民間發生缺肥、搶肥危機。為反映國際製肥原料成本，穩定肥料產業生產及市場供需，行政院於2008年5月30日核定「肥料價格調整及穩定供需因應方案」，自2008年6月開始實施漲幅價差補貼（至2017年6月），減輕農民負擔。[※1]

　　2017年7月起，為促進國內有機及友善農業發展，為加強推動有機及友善農業等，實施肥料資材補助措施（2017年7月起迄今）。此外，為配合「新農業推動方案」，開始將原化學肥料漲幅價差補貼相關經費，轉為推動有機質肥料、微生物肥料、含有機質複合肥料等補助。轉為有機肥料補助的措施，搭配鼓勵合理化施肥、輔導農田地力改良，及推廣種植綠肥作物等工作，重要的目標在於輔導農友以此改善農田地力，提高肥料利用效率，進一步引導減施化肥，促進國內化學肥料減量。

三、增加稻穀計畫收購價格及面積

臺灣的稻穀收購在1980年後卸下增產的任務，但與此而來的是如何面對糧食消費變化後的生產過剩問題。稻米保價收購制度成為穩定國內稻穀產銷供需的關鍵機制，並自1978年開始實行「計畫收購」與「輔導收購」並行制度。此後，稻穀收購又與稻田轉作等生產結構調整政策相互搭配，成為調節與確保國內稻穀產銷供需的核心模式。

解嚴前的稻穀收購量，以1988年為例，計畫收購每公頃僅在970公斤、輔導收購亦僅有850公斤（第一期）和500公斤（第二期）。歷經農民運動訴求後，計畫收購與輔導收購量都有明顯增長，從1989年的每公頃1,600公斤（計畫收購第一期）、1,200公斤（計畫收購第二期、輔導收購第一期）和800公斤（輔導收購第二期）逐漸提升（見表1）。但1990年代中期以前，收購後的公糧陳米銷售不易，多以廉價外銷低度開發國家或充作飼料米，造成鉅額虧損。此外，為因應加入世界貿易組織（World Trade Organization, WTO）後的國際糧食進口衝擊，亦自1997年7月起推動「水旱田利用調整計畫」，降低國內的稻米、契作雜糧、甘蔗等重要作物的生產面積，緩解潛在供過於需造成的農產品價格崩跌問題。

表 1、1990 年代稻穀計畫收購量變化

單位：公斤／公頃／期；新臺幣元

時間	計畫收購 增加稻農收益		輔導收購 穩定市場價格供需	
	第一期	第二期	第一期	第二期
1988	970	970	850	500
1989	1,600	1,200	1,200	800
1993	1,920	1,400	1,200	800

資料來源：本計畫整理自農糧署網站。

稻穀收購價格在2001年時提升至21元/公斤（計畫收購稉穀價格）至17元/公斤（輔導收購秈穀價格）區間，並自2003年開始增辦「餘糧收購」措施，反映出以政策支持農民所得及穩定市場價格與供需之不同功能。計畫收購主要目的為增加稻農收益，輔導收購著眼於穩定市場價格及供需，餘糧收購則係支持市場價格，避免稻農售穀價格低於直接生產成本，保障農民基本收益（林傳琦，2007）。[2]至2011年，保價收購價格已提升至26元/公斤（計畫收購稉穀價格）至20.6元/公斤（餘糧收購秈穀價格）區間，收購價格水準維持至今（見表2）。此外，自2011年二期作起，亦補助農民稻穀乾燥、包裝及堆疊費用每公斤2元。

　　2016年開始試辦「稻穀保價收購」與「直接給付」雙軌制，2018年起更全面實施「對地綠色環境給付」，稻農可選擇繼續耕種參與保價收購，或是申報直接給付第一、二期作的給付金，分別為每公頃13,500與10,000元，藉由此一制度來調節稻米產量，並鼓勵有心經營稻米產業的稻農更加重視提升稻米品質。[3]雙軌制實施後，2021年二期作保價收購數量已比2020年同期減少65%，開始出現量減價增效應。至2022年時，全年濕穀販售價格每百臺斤（刈）最高逾1,100元，更成為近半世紀以來最高價。[4]

表2、2000年代後稻穀計畫收購量價變化

單位：公斤/公頃/期；新臺幣元

時間	計畫收購 增加稻農收益		輔導收購 穩定市場價格供需		餘糧收購 支持市場價格	
	第一期	第二期	第一期	第二期	第一期	第二期
2001	1,920	1,400	1,200	800	–	–
2001	稉穀：21元/公斤 秈穀：20元/公斤		稉穀：18元/公斤 秈穀：17元/公斤		–	
2003	1,920	1,400	1,200	800	3,000	2,360
2003	稉穀：21元/公斤 秈穀：20元/公斤		稉穀：18元/公斤 秈穀：17元/公斤		稉穀：16.6元/公斤 秈穀：15.6元/公斤	
2008	2,000	1,500	1,200	800	3,000	2,400
2008	稉穀：23元/公斤 秈穀：22元/公斤		稉穀：20元/公斤 秈穀：19元/公斤		稉穀：18.6元/公斤 秈穀：17.6元/公斤	
2011	2,000	1,500	1,200	800	3,000	2,400
2011	稉穀：26元/公斤 秈穀：25元/公斤		稉穀：23元/公斤 秈穀：22元/公斤		稉穀：21.6元/公斤 秈穀：20.6元/公斤	

資料來源：本計畫整理自農糧署網站。

四、廢除農會
總幹事遴選

農會總幹事是農會體系中的核心角色，掌管農會日常營運的實際運作，也影響農民的權益甚鉅。自1987年的農民運動後，農會總幹事遴選制度改革一直被視為是農會整體改革方案的重要一環，但迄今仍未達成。目前的模式仍是依據1988年制訂的《農會總幹事遴選辦法》，採取「遴選制」。先由農會會員選出代表，代表再選出理事與監事，召開理事會，針對理事長所提出的總幹事遴選聘任。2000年配合《農會法》修正，在遴選辦法中明確訂定應排除具有品德瑕疵和信用不佳之人選，並增列候聘登記人所需檢附之相關證明文件，包括個人綜合信用報告書和切結書。[※5]

對農會運作來說，「總幹事遴選制」長期存在三個重要弊病，包括：（1）在現行遴選制度下，農會容易為支持總幹事的派系壟斷；（2）會員代表、理事及監事不易行使完整的會務指導權和監督權，造成農會監督弱化；以及（3）農民在農會選舉過程中無法發揮影響力，在農會業務上失去發言權，造成農民對於地方農務發展的無力感。[※6]儘管如此，目前仍有許多農會選擇聘任具有農業營運策略能力的總幹事，也為地方農會帶來亮眼的營運業績和農業品牌，這也反映出農會會員代表越來越看重候選者的實務經驗和經營能力。未來能否透過農民會員直選總幹事，進一步強化農民在農會體系中的自主權和影響力，仍是許多農民的關切和期盼。

五、農田水利會
納入政府編制

1993年修訂的《農田水利會組織通則》中，曾於第39條之1增訂於三年內將農田水利會改制爲公務機關之規定。然而，1995年的首屆省長選舉中，地方對於農田水利會改制的反彈聲浪，加上各界對於改制所涉及的機構歸屬、資產處理、員工編制、水利小組運作等看法不一，促使立法機關在1995年再次提出修法，刪除第39條之1，使農田水利會的運作回歸於自治體制爲主。但會長與會務委員由縣市主管機關遴選後報省市主管機關核派，也讓農田水利會的運作存在公部門介入的機制。2000年的政黨輪替後，會務治理人員遴派制度經由修法解除，使農田水利會會長和會務委員均改由具有會員身分的農民進行直選。

2010年代中期之後，農田水利資產與灌溉用水服務的公共化議題再次引發關注。爲將農田水利組織正式改制爲公務機關，農委會陸續提案修正《農田水利會組織通則》，頒布《農田水利法》、《農田水利法施行細則》、《農田水利署暫行組織規程》等。2017年11月9日，行政院會議通過《農田水利會組織通則》修正草案，再次確立農田水利會改制爲公務機關的農政改革。2018年1月17日，立法院三讀通過《農田水利會組織通則》修正草案，農田水利會改制爲公務機關。2020年10月1日，行政院農業委員會農田水利處與農田水利會整合升格爲行政院農業委員會農田水利署，原臺灣17個農田水利會改制爲17個「農田水利署所屬管理處」。原本由選舉產生的農田水利會會長，改爲官派的管理處處長，而原隸屬各農田水利會所持有的現金則成立特種基金，專款專用於各管理處的農田水利事務，以此緩解私產國有化的爭議。

六、開放農地
自由買賣

1989年，時任農委會主委余玉賢召開會議研訂《農地利用法草案》，明示農地變更應以不影響農業生產環境之完整為原則，放寬新進農民、農業生產合作社及農業企業法人可以承受耕地，經營經指定公告的技術密集或資本密集產業，也明定建立合理耕地租佃制度，且租賃條件以當事人雙方合意為原則，亦配套訂定促進農地流通與獎勵措施。該草案於1991年送立法院待審，但最後未能完成立法。

1993年，行政院第2341次院會中指示，目前農地使用情形應徹底檢討，需要的農地應予維護，不適用之農業用地應配合國家經濟發展的整體需要，公平而有計畫的釋出。1996年，提交《農業發展條例》修正草案進入審查，一直到2000年正式三讀通過。此一修正案提出開放農地自由買賣，並配合條例修正通過六項農發條例配套法案，刪除取得農地者不繼續耕作的處罰規定，提高土地違規使用的罰鍰上限額度，增訂得連續處罰的規定，但同時在稅賦（作農業使用的農地移轉給自然人時，得申請不課徵土地增值稅）和農地農有原則方面進一步鬆綁（非自耕農可以購買農地）。

2000年，《農業發展條例》修正通過三讀，將原本的「農地農有、農地農用」原則，改為「放寬農地農有、落實農地農用」。自此，農地才真正獲得自由買賣的地位。條例修正後，除允許農企業和個別自然人承購農地外，也降低最小可分割面積規定、允許新購農地興建農舍，並於2001年公布實施《農業用地興建農舍辦法》和《集村興建農舍獎勵及協助辦法》作為農業主管機關管理農地農舍的法源依據。

七、成立農業部

　　自1984年原農業發展委員會與經濟部農業局合併改名重組後，農業委員會的實際運作模式已不再採取委員會的型態，僅設有主任委員和副主任委員為機關首長。因此，改組為「農業部」較能對應實際上的運作模式。2010年修正公布的《行政院組織法》，正式確立部會組織整併與改制的法源根據，並於2010年於立法院三讀通過政府組織再造相關法令，自此確立行政院將自2012年起，逐步將原有的37部會分階段整併為29個部會，[※7] 而將「農業委員會」改組為「農業部」成為行政院組織再造的重要內容之一。

　　2011年所提出的農業部組織架構中，擬設立「農業科技司」和「農產品行銷司」負責國內農業發展工作，「農民服務司」負責農民福利照護以及農會、漁會、農田水利會之監督與輔導業務，並設有「農村發展署」及四個地區分署延續負責推動農村發展工作（陳武雄，2011）。[※8] 然而，此一版本亦因跨部會之間的權責劃分問題而未獲通過施行。2023年5月16日，立法院三讀通過《農業部組織法草案》。5月31日制定公布《農業部組織法》，條文明定次級機關有農糧署、漁業署、動植物防疫檢疫署、林業及自然保育署、農村發展及水土保持署、農田水利署、農業金融署及農業科技園區管理中心。如今，農業委員會已正式於2023年8月1日升格成為「農業部」，包括編制員額、公務預算、基金預算都隨之增加，也更能夠擔負起推動臺灣農業與農村政策的角色。

林豐喜、陳吉仲、翁章梁（右至左）在農業部成立會場合影（黃裕順攝）

農業部成立（豐年社提供）

參考文獻：

1　朱寶珠、林祐群（2018）臺灣肥料政策演變簡介。農政與農情，第 313 期，頁 64-69。
2　林傳琦（2007）稻穀保價收購制度改採直接給付規劃情形。
　　https://www.coa.gov.tw/ws.php?id=12423
3　劉怡馨（2018）全國稻農都可以！稻穀保價收購與直接給付，2018 起全面雙軌並行。
　　上下游新聞市集，https://www.newsmarket.com.tw/blog/104210/
4　游昇俯（2023）農委會主委專訪 01》穀價有感提升 去年二期作每刈逾 1100 元半世紀最高 拒絕補貼政策改造稻作體質。
　　農傳媒，https://www.agriharvest.tw/archives/95626
5　吳杏如（2004）農會總幹事遴選辦法部分條文修正簡介。
　　https://www.moa.gov.tw/ws.php?id=8201
6　陳俊名（2006）農會農民的一談農會總幹事直選。
　　https://www.coolloud.org.tw/node/61311
7　蕭全政（2012）行政院組織改造之回顧。研考雙月刊，第 36 期第 2 卷，頁 11-22。
8　陳武雄（2011）農業新象的施政藍圖－農業部新貌與施政重點方向。研考雙月刊，第 35 期第 2 卷，頁 114-122。

【別冊】

解嚴後農民運動影像紀實

余岳叔、邱萬興、許伯鑫

張芳聞、黃子明、曾文邦

楊永智、潘小俠、劉振祥

1988.03.16 張芳聞／攝影

1988.03.16 曾文邦 / 攝影

1988.03.16 張芳聞 / 攝影

1988.03.16 張芳聞 / 攝影

1987.12.08 黃子明 / 攝影

農民立

農產品
自由出口

農民血淚
有誰知

1987.12.08 劉振祥 / 攝影

1987.12.08 黃子明 / 攝影

雲 林 縣 農 民 權 益 促

1988.04.26 邱萬興 / 攝影

1988.03.16 張芳聞 / 攝影

1987.12.08 曾文邦 / 攝影

1988.03.16 曾文邦／攝影

1988.05.20 余岳叔 / 攝影

1987.12.08 曾文邦 / 攝影

1988.04.26 潘小俠 / 攝影

1988.04.26 楊永智／攝影

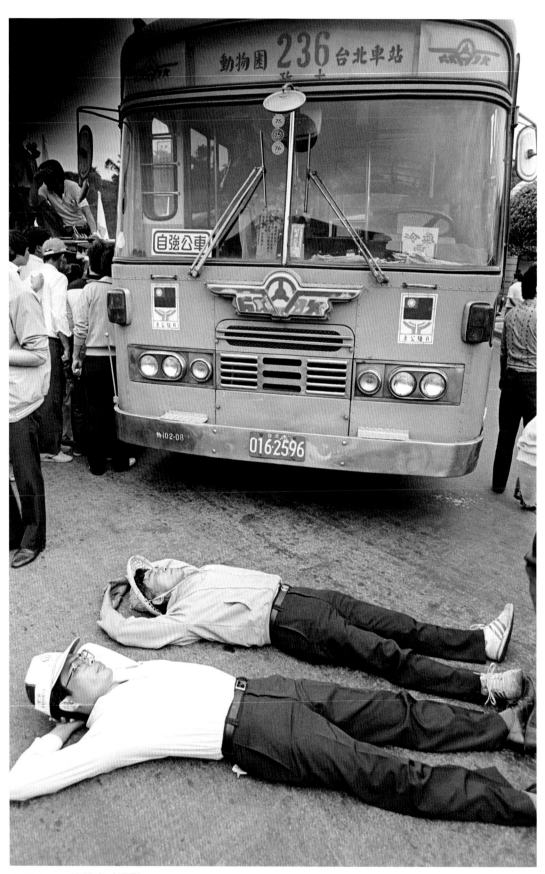

1988.04.26 許伯鑫 / 攝影

1988.05.20 余岳叔／攝影

1988.05.20 黃子明 / 攝影

1988.05.20 黃子明 / 攝影

1988.05.20 余岳叔 / 攝影

勞疲除消
力活沛充

1988.05.20 黃子明 / 攝影

1988.05.20 黃子明／攝影

狂飆農運　震撼影像

民國七十六年十二月八日，五千名來自鄉村底層最保守認命，與世無爭的農民，放下鋤頭，握緊拳頭，集結踏上繁華的臺北街頭，吶喊、抗爭，震驚全臺。

緊接著「3.16」、「4.26」、「5.16」、「5.20」農民運動風起雲湧，銳不可擋，農民流血流汗，以肉身對抗不公不義政權的壓迫，為自己也為反對運動寫下熠熠耀眼的史頁。

我們費力搜集並呈現這些得來不易，彌足珍貴的歷史影像，希望回顧他們一路辛苦走來的足跡外，也要向這群偉大的農民運動者致敬！

【附錄】
1987～1988 年農民運動大事記

1987.07

在美國政府的壓力下，我國開始與美國進行談判。政府為了平衡貿易逆差，採取開放美國水果進口措施，如香吉士等。東勢鎮民代表劉南熾在東勢鎮代會提案反映果農意見，並無成效。

1987.10.20

東勢果農胡壽鐘於「民主進步黨」在東勢國小舉辦的「國會全面改選說明會」上，四處發放傳單，呼籲果農勇敢站出來。胡壽鐘多年舊識「立法委員許榮淑服務處」總幹事林豐喜，邀請胡壽鐘上臺演講。

1987.10.26

胡壽鐘、劉南熾、黃延煥、王昌敏等人，成立「東勢區果農自力救濟委員會」籌備處。選出胡壽鐘擔任召集人，王昌敏擔任聯絡人，開始招收會員。並訂11月5日召開成立大會。

1987.11.05

於東勢中寧社區活動中心召開成立大會。會中接受林豐喜等人提議，原「東勢區果農自力救濟委員會」更名為「山城區農民權益促進會」並正式成立，通過由林豐喜請藝術家袁國浩設計的會旗及章程。並選出9名委員，由胡譽鐘擔任創會會長，常務委員劉南熾、許清復，總幹事鄭有祿，法律顧問王昌敏。

1987.11.06

「山城區農民權益促進會」展開山城區各村里農業問題座談會，同時招收會員。

1987.11.17

「山城區農民權益促進會」於東勢果菜市場，首次舉辦抗議農產品大量進口說明會，號召果農參加山城農權會所舉辦的「12.08」臺北立法院抗議活動。

1987.11.25

胡壽鐘、林豐喜、王昌敏、劉南熾等人，首次跨縣市至彰化大村鄉吳朝花宅，與賴臨任、賴儀權、陳光華、陳忠孝等人座談，邀請參加12.08抗議行動。

1987.12.01

宜蘭縣陳重疊主動以電話通知山城農權會，表示將參加12.08行動。

1987.12.03

因山城果農發起12.08行動，經濟部宣佈12月4日起，收回除美國以外地區之水果進口簽證。

1987.12.06

山城農權會辦理12.08遊行糾察隊及工作人員講習，彰化縣派9名代表參加講習。

1987.12.08

胡譽鐘擔任總領隊、林豐喜擔任總指揮、社會運動家陳秀賢等，帶領臺中山城、梨山、苗栗卓蘭、彰化、宜蘭等五千名農民，搭乘百餘輛遊覽車，至立法院請願遊行。為國民黨政府從中國內戰撤退至臺灣、戒嚴統治臺灣四十餘年來，第一次農民跨縣市集結抗議遊行，震驚臺北政界。因媒體大量報導，引起各方關注。農民權益促進會之會旗，首度飄揚在臺北街頭。

1987.12.09

南投縣林長富、張俊偉、鍾炳祥、莊志杰、劉百六等農民，主動與山城農權會聯繫，請協助南投籌組農權會。

1987.12.10

國貿局、農委會、農林廳、外交部聯合舉行有關外國水果進口的會議。

1987.12.13

山城農權會於臺中興農餐廳，首度召集各縣市農民代表開會。

1987.12.14

立法院經濟委員會召開12.08果農請願案審查會，邀請經濟部次長李模、財政部次長薛家樑、經建會副主委葉萬安、國貿局長蕭萬長、農委會主委王友釗等相關部會官員列席。六十餘位來自臺中、苗栗、彰化及宜蘭等四縣市果農代表出席。由臺中山城、梨山及彰化大村三個農權會11名代表陳述意見。並歸納成立農業部等12點訴求。

1987.12.17

國貿局宣佈收回美國地區水果簽證。

1987.12.18

山城農權會林豐喜、胡壽鐘與黃邦政、黃文淵、陳秀賢等人，於東勢果菜市場舉辦12.08請願成果說明會。

花生農抗議進口花生與花生油的不公平競爭。

1987.12.19

山城農權會決議：

一、和全臺串連，籌設全面性、長期性農民組織「農民聯盟」。

二、發函民進黨各縣市黨部及各社運團體推動籌組各地農民權益促進會。

三、顧問王昌敏負責全臺農民串連事宜。

四、通過陳秀賢提議：1988年元旦～3日、9日～11日在臺北、高雄舉辦賤賣水果、拍賣農民活動。

1987.12.26

山城農權會林豐喜、胡壽鐘、王昌敏、陳秀賢、南方雜誌主編黃志翔及八所大學近30位學生，討論由山城農民權益促進會主辦、陳秀賢、南方雜誌呂昱及主編黃志翔及八所大專院校學生籌劃，在臺北、高雄兩地舉辦「賤賣果農」的行動會議。

1987.12.30

南投農民權益促進會籌備會成立。

1988.01.01 ～ 03

一連三天「賤賣果農——臺北場」登場，分別在建國南路假日花市、林森公園、國父紀念館、臺大校門口、頂好市場前、臺北火車站前…等地展開。山城農權會林豐喜、胡壽鐘、王昌敏等全員到齊，與八所大學學生共同進行。這是第一次的農學合作。

1988.01.09 ～ 11

一連三天的賤賣果農行動在高雄登場，後勁反五輕工作室蔡朝鵬及高雄工聯會顏坤泉、姚國建、姚瑞祥及知名社運人士洪田浚、林美瑢，還有中山大學、高醫學生社團火星社、望春風等十餘名學生大力支援。結合勞工、環保運動者、漁民和學生，打出「農工本同命，手足應相憐」口號，在郵政總局、大統百貨、文化中心西側、六合夜市等地進行。山城農權會林豐喜、胡壽鐘、王昌敏等及南投林長富、社運工作室陳秀賢、黃志翔、蔡建仁等皆出動。

11日晚，在勞工公園舉辦「農民的控訴」說明會。立法委員朱高正等人的演講，吸引滿滿的人潮。賤賣果農在高雄行動，圓滿成功。

1988.02.04 ～ 11

山城農民權益促進會主辦、社會運動工作室、南方雜誌社、客家風雲月刊、新竹、南投農民權益促進會協辦「1988冬季農村生活營」，主題為「同吃同住同勞動　農學合作再出發」。近40位來自臺大等八所大學學生參與。胡壽鐘擔任營主任，林長富、劉南熾擔任副主任，林豐喜擔任總幹事。山城農權會與社運工作室陳秀賢、蔡建仁、黃志翔共同策劃。

1988.03.03

山城、南投兩個農民權益促進會署名，發函邀請全臺包括臺東、宜蘭、桃園、新竹、苗栗、臺中、南投、彰化、雲林、嘉義、高雄、屏東等12個縣市農權會或農民代表、社運工作室陳秀賢、蔡建仁、黃志翔共六十餘位，在臺中興農餐廳召開全國農民會議。胡壽鐘提議主席團制度，獲得支持。由北中南推出11位代表為主席團。會中決議於3月16日國民黨召開中常會的日子，號召全國農民，前往美國在臺協會、國貿局及國民黨中央黨部抗議，並委由山城農權會策劃。山城農權會會長胡壽鐘提出籌組聯盟之建議，與會人士多數贊同。關於3.16行動總召集人，由11位主席團互相票選，林豐喜以11票全數通過，擔任3.16行動總召集人。

會後，林國華反對由同為雲林縣籍李文平擔任中區副總指揮之大會決議，公開揚言將抵制3.16抗議行動。

大會為求內部團結，經獲李文平本人同意後，更換人選。

1988.03.10

「臺南農民權益促進會籌備會」於臺南縣新營韓城餐廳宣佈成立。應陳來助之邀，出席的林豐喜，以「3.16行動」總召集人的身分，邀請臺南縣農民加入「3.16抗議行動」的行列。短短五天倉促動員，「3.16行動」當天，臺南農權會籌備會動員三輛遊覽車參加。

1988.03.11

全臺農權會再度於興農餐廳召開3.16行前會議，由總召集人林豐喜擔任主席。各地農權會報告已動員近90輛遊覽車。汪立峽代表工黨申請加入行動支援團體，獲得同意。會中決議主辦、協辦單位，以及「臺灣不是美國的殖民地」之行動聲明。

1988.03.16

在山城農權會等號召下，全國各地農權會集結四千多名農民，北上向美國在臺協會、經濟部國貿局、中國國民黨中央黨部抗議，要求保護農業和農民、反對美國農產品傾銷。這次行動是國民黨統治臺灣四十年來，全臺農民首度串聯大行動。

先前揚言抵制本次行動的林國華亦參與行動，出任糾察指揮。

行動總召集人、總指揮林豐喜因此行動遭起訴。

1988.03.24

3.16行動總召集人、總指揮林豐喜收到臺北市警察局約談通知書。

1988.04.01

全臺九個縣市農權會代表及五個學生團體、兩個社會團體齊聚臺南赤嵌飯店，召開4.26行動籌備會。會中選出行動幹部：總領隊胡壽鐘、總指揮林豐喜、車隊北區負責人黃邦政、中區王昌敏、南區陳錦松、文宣黃志翔、呂昱、財務林長富、企劃陳秀賢、聯絡張富忠、學生組何東洪、黃哲彥、周家齊。

1988.04.05

峨眉農民權益促進會成立，為新竹縣農權會第一個地方組織農權會。由黃興東當選理事主席、黃春日當選常務監事、黃瑞榮擔任執行長。

1988.04.10

雲林農權會成立，以稻農為主，會長為李江海，副會長為邱鴻泳與陳坤池，林國華擔任總幹事。會中另立以斗笠、鋤頭為旗幟。

莒林農民權益促進會成立，為新竹縣農權會第二個地方組織農權會。由黃邦政擔任理事主席、范揚泉擔任常務監事、黃文淵擔任執行長。

1988.04.15

全國14個縣市農權會代表在臺中興農餐廳召開4.26行動會議。由峨眉農權會理事主席黃興東主持。針對臺美貿易談判的因應對策、4.26行動計畫、聲援因3.16行動被偵辦的總召集人林豐喜及苗栗總領隊陳文輝案做討論。會中決議訂行動主題為「抗議臺美貿易談判，犧牲臺灣農民利益」，推林豐喜為總指揮。

1988.04.26

山城農權會等14個農權會，以近兩百輛農機車、千餘名農民，至美國在臺協會、臺北市警察局、國民黨中央黨部抗議。抗議隊伍在國民黨中央黨部與鎮暴警察發生衝突。數輛農機車、鐵牛車一度駛向總統府方向，被鎮暴警察及蛇籠擋住，雙方僵持至晚上8點才結束行動離去。

近5點，當抗議隊伍、農機車被鎮暴警察及蛇籠擋住，雙方僵持時，雲林農權會林國華突然登上總指揮車，宣佈「雲林縣之人車將撤退返鄉」，同時宣佈將主辦「5.20抗議行動，雲林農權會將要再上臺北街頭抗議」。說完隨即收隊離開現場。

行動總指揮林豐喜因此行動再度遭起訴。

1988.04.26～29為期四天的臺美貿易談判在臺北舉行。行政院「中」美貿易小組准5月1日起進口農產品。

1988.05.01
各地農權會與農運人士委由山城農權會召開之農盟籌備會原訂今日舉行。因雲林農權會臨時邀請各地參與討論5.20行動事宜,農盟籌備處為顧全內部團結,乃臨時取消會議,並通知各地人士前往雲林農權會與會。

1988.05.12
農民聯盟籌備會第一次會議於臺中縣東勢鎮東聖宮召開,全臺各地農權會幹部及農運人士參與者眾。雲林、彰化、嘉義之人士大批與會,一反以往積極為農盟催生之態度,大力反對農盟於6、7月成立。令與會之各地代表深表不解。

1988.05.16
立法委員余政憲、省議員余玲雅帶領五百餘位高雄縣農民,在得到新竹、臺中、南投、彰化、嘉義、臺南、高雄、屏東等地農權會幹部支持,共千餘名農民由「臺灣農民聯盟」籌備會召集人林豐喜擔任總領隊,前往南投省政府中興新村請願,要求省政府及早全面實施農民保險。因省府主席邱創煥及農林廳長余玉賢等官員,紛紛走避臺北、避不見面,警民數度爆發衝突,多人受傷,抗爭從白天到黑夜,直到省府有條件同意高雄縣政府自7月1日起全縣辦理農民保險,如同意相同條件下,其他20個縣市,亦可提前比照高雄縣,全面辦理農民保險,方才結束抗議行動。此行動亦促成全臺農民保險提早全面實施。

1988.05.20
由雲林農權會主導,林國華擔任總指揮,蕭裕珍擔任副總指揮,號召全臺約五千名農民參與街頭示威,提出七項訴求。在警方強力掃蕩下,數度爆發激烈抗爭,自下午持續到隔天上午7點警方最後驅離,歷時19個小時。爆發自2.28事件以來,歷時最久、人數最多、最嚴重的警民衝突流血事件。夜間,包括林國華、蕭裕珍在內等指揮系統120多名群眾被逮捕,96人被收押,其中19位大學生,直到隔日21日中午才釋放。100多人受傷送醫治療。警方送醫急救者66名。受傷者40多位。林國華等19人以妨害公務罪判刑一至三年不等。被稱為「5.20事件」。

1988.05.21
臺灣農民聯盟籌備會發表聲明、民進黨各級民意代表紛紛要求政府釋放逮捕之民眾。
彰化縣農民權益促進會在員林縣立圖書館宣佈成立,由陳忠孝主持,會址亦暫設陳忠孝代書處。民進黨國大代表翁金珠及夫婿中執委劉峯松到場支持。

1988.05.22

臺大大論、北醫抗體、臺大大新、中央怒濤、輔大創新、中原少中會，共同發表對五二〇事件受害學生聲援聲明。

臺灣人權促進會聲明「立即釋放無辜，並准許被羈押者交保」。

雲林農權會發表聲明：關心五二〇農民，堅決否認菜車中預藏石塊及木棍。

南北學界，北部6所大專院校校職員代表460人，南部29所大專院校100多名教授，共同譴責「五二〇事件」中的官方舉措。

1988.05.23

臺灣農民聯盟籌備會在臺北陳林法學基金會召開記者會，雲林農權會邱鴻泳與各地農權會幹部皆與會。由召集人林豐喜主持，共同決議宣佈成立「5.20受難者後援會」。

民進黨召開之中常會決議，除由文宣部蒐集整理有關現場資料，藉以向社會大眾說明真相外，亦將在全臺各地方黨部舉辦22場「5.20事件」說明會。

臺大大新社、大論社在元穠茶藝館召開「5.20受害學生記者會」。

香菇農組織自救會，抗議中國走私香菇。

1988.05.26

臺灣人權促進會組成19名人權律師團，義務提供「5.20事件」受難者法律支援服務，並將於日內展開各種救援工作。

1988.05.27

立法院院會決議邀請內政部、法務部至立法院報告「5.20事件」。

雲林農權會另立救援小組。

老兵行動聯盟顧問張化民，跟著請願隊伍走了將近12個小時，親眼目睹血淋淋的警民衝突，公開呼籲國民黨莫再傷害無辜農民。

1988.05.28 ～ 06.09

民進黨於全臺各縣市舉行22場「5.20事件」說明會。

28日，臺中率先舉辦全臺第一場「5.20事件」說明會。

1988.05.29

75位國民黨立法委員要求政府頒佈緊急狀況文告，必要時再頒佈戒嚴法。

1988.05.30

為維護團結，農民聯盟籌備會之救援小組與雲林農權會之救援小組合併，並以雲林為主體，進行救援工作。

1988.6.03

農民聯盟籌備會召開「5.20事件」檢討會，雲林農權會新任會長陳坤池亦與會。與會之各地農權會幹部，紛就「5.20事件」之後，對於各地農權會推動及農民動員之影響做討論。會中，籌備會宣佈擬於6月28日正式成立聯盟，以因應5.20後之新變局。未有代表提出反對意見。

數日後，雲林農權會委員會一致表決通過加入農民聯盟。

1988.06.10

旅美臺灣人社團於華府國會山莊舉行示威及演講會。

1988.06.12

農民聯盟籌備會在新竹峨眉農權會召開第二次籌備會，會中決議6月28日正式成立農民聯盟。

1988.06.16

臺北地檢署經27天偵查終結，共71人以妨礙公務、違反集會遊行法、縱火公共危險罪、妨礙自由、違反暫行交通電業器材條例提起公訴。

1988.06.17

檢察官未通知被告律師在場，即進行詢問被告，還以收押。

1988.06.18

中央研究院、臺大、師大、清大共11位教授組成「5.20事件調查工作小組」。

1988.06.19

法官與推事公開信要求不受干預的司法環境，反對教授的聲明。

宜蘭農民權益促進會成立。

1988.06.21

農民聯盟在雲林農權會召開第三次籌備會，議程以討論組織章程為主。雲林農權會部分人士表示，應以救援工作為重，主張暫緩兩個月成立。未為大多數與會代表支持，仍維持6月28日成立原議。

1988.06.23

以「嘉雲人權會」為主的雲林農權會幹部於嘉義水上召開內部會議，討論農民聯盟主席人選、各地代表人數與組織章程等問題。

1988.06.25

農民聯盟籌備會與雲林農權會雙方幹部協商,雲林農權會提出農盟成立後應以身繫囹圄的林國華為主席、聯盟會址應設於雲林兩項條件。

1988.06.28

臺灣農民聯盟於臺中縣豐原市西安社區活動中心成立,選出17名執行委員及5名後補、7名監察委員及2名後補。與會執委並選出林豐喜為主席、執行副主席馮清春(南區)、副主席黃邦政(北區)、副主席胡壽鐘(中區)、副主席詹朝立(東區)。

以雲林農權會為主,以及農權會鬧雙包的彰化縣、臺中縣大屯區農權會等成員,於退出西安社區活動中心後,臨時決定於豐原世紀大飯店另行成立「臺灣農權總會」。成立大會由臺南市民進黨員黃昭凱主持,推出身繫囹圄的林國華為總會會長並推選出南中北區副會長,暫由國民黨籍的陳坤池代理會長。

1988.07.01 ～ 08.02

臺灣農民聯盟主席林豐喜應民主運動海外組織邀請,前往美國一個月,在各地發表27場有關「5.20事件」及臺灣農民運動之巡迴演講。

1988.07.04

臺灣省政府宣佈農民健康保險於1988年10月25日試辦實施。

1988.07.05

立法院前「520天靜坐」開始,七天後遭強制驅離。

1988.07.18

5.20事件第一次偵查庭。檢察官未到庭。被告均指稱當天遭到刑求。

1988.08.05

旗山蕉農請願香蕉輸出自由化及打破由25個日本貿易公司壟斷。

1988.08.06

臺灣農民聯盟、社運工作室舉辦「1988暑期農村巡迴工作隊暨生活營」。

1988.08.15

5.20事件第四次偵查庭。

1988.08.16

超過兩千三百位蕉農連署向農委會及行政院請願。

1988.08.25 ～ 09.05

臺灣農民聯盟主席林豐喜及植物生理專家郭忠吉應邀前往日本東京參加首度召開有關「世界稻米與糧食自救國際研討會」,針對各國面對農產品進口,導致農村生態體系嚴重破壞的現狀及農業狀況,進行跨國性研討及交流。

1988.09.16

5.20事件宣判。

1988.09.17

雲林農權會發表聲明反對法院5.20事件判決。

1988.09.19

臺灣農民聯盟發表長達近萬言的「臺灣農民聯盟對於當前臺灣農業的政策主張」。促成政府召開第二次全國農業會議。

1988.09.20

臺灣農民聯盟首度主動出擊,由聯盟主席林豐喜與副主席馮清春、黃邦政、運動部長陳秀賢、宣傳部長黃志翔、臺南農權會會長黃太平等人,前往農委會與副主委葛錦昭等官員,就農盟19日所提政策主張內容,進行近四個小時的會談。

1988.09.21

臺灣農權總會抗議法院5.20事件判決。

1988.10.07

臺北地方法院致中央研究院抗議出版「5.20事件調查報告」,認為干預司法判決。

1988.10.10

美國在臺協會農業組狄善、政治組吳柏年、事務組林清源三位官員,在民進黨立法院黨團助理黃宗文的陪同下,前往臺中縣豐原拜會臺灣農民聯盟,與農盟主席林豐喜、副主席馮清春、發言人王昌敏、羅隆錚、山城農權會總幹事鄭有祿等人會談,了解5.20事件對農民影響、中國大陸農產品進口、農盟組織、動員、發展、反美意識等問題。

1988.10.24

臺灣農民聯盟在高雄立法委員張俊雄勞工關懷中心成立「蕉界功臣吳振瑞冤案平反委員會」。由農民聯盟執行副主席馮清春擔任召集人,籌備委員包括農盟幹部林豐喜、黃邦政、李旺輝及吳振瑞在臺委託人王俊貴等人。

1988.11.14 ～ 16

行政院農委會召開時隔六年、為期三天的「第二次全國農業會議」。

為抗議農委會漠視臺灣農民聯盟要求參加第二次全國農業會議,以團體名義、每組派代表1～2名分別參加8組討論,以表達草根農民的意見。農委會只發出三張邀請函予農盟主席林豐喜、副主席胡壽鐘及農權總會代理會長陳坤池三人,並片面要求須以個人名義參加指定的組別討論。

臺灣農民聯盟二十多位代表由林豐喜帶隊,在農業會議現場中央圖書館前舉布條抗議,與鎮暴警察數度發生衝突。現場宣佈將舉辦「農民權利法案」公聽會。

1988.11.20

臺灣農民聯盟舉辦「農民權利法案」第一次聽證會。

1988.12.28

臺灣農民聯盟主席林豐喜受客屬總會陳子欽等人之託,希望借重其農民運動之經驗,邀請林豐喜參與籌劃「還我母語(客語)運動」。林豐喜邀請農盟客籍副主席馮清春、黃邦政、胡壽鐘及羅隆錚等人參與籌劃、製作標語、文宣並動員農盟參加「還我母語(客語)運動」。林豐喜、馮清春擔任行動副總指揮,黃邦政、胡壽鐘擔任總糾察。

1989.01.08

臺灣農權總會成立「農業政策研討小組」籌備會。

1989.01.20

南韓農運領袖李健雨應農民聯盟之邀來臺訪問。李健雨乃南韓「農民聯盟」創始人之一,曾被捕入獄,對於南韓農業面臨自由化、國際化有深刻體驗。

1989.02.15

各地農權會針對國民黨操縱農會選舉,並以遴選方式產生總幹事,紛紛提出嚴重抗議。

1989.04

執政當局為整肅農運及社運人士,臺灣農民聯盟主席林豐喜於豐原遭逮捕,收押在土城看守所。

日本、韓國農運人士聯名上書總統李登輝,展開國際救援。

1989.05.15

民進黨中常會決議聲援農運團體,「5.16」及「5.20」再度上街頭抗議。

臺北地方法院對於林豐喜案判決。農民聯盟發表譴責聲明。

1989.05.16

臺灣農民聯盟發起近千位農民於臺北遊行抗議，要求改造農業政策，聲援因為農民運動而遭判刑的臺灣農民聯盟主席林豐喜。遊行中向農委會、經濟部、立法院抗議，再度提出「農業十大主張」。

聲援團體包括民進黨地方黨部、勞動黨、客家人權促進會、臺灣人權促進會等。

1989.05.18

五十餘位全臺各地農運團體代表召開「草根農民國是會議」，並發表聲明。要求李登輝總統特赦5.20事件入獄者，呼籲臺灣農權總會及臺灣農民聯盟重新整合，以統合農運力量。

1989.05.20

臺灣農權總會舉行紀念5.20事件週年大遊行。訴求三大重點：1.「5.20」無罪。2.全面落實農民保險。3.設立地方語言電視臺。

1990.11.09

臺灣農權總會會長林國華出獄。

1991.03.10

臺灣農民聯盟主席林豐喜纏訟多年的農運官司定讞，時為臺中縣第12屆縣議員，更是臺中縣第一位也是當年唯一的一位反對黨（民進黨）籍縣議員。縣議員隨即被解職。林豐喜總共擔任臺中縣議員一年又13天。

1991.06.01

臺灣農民聯盟主席林豐喜入獄服刑。

當晚在豐原果菜市場舉辦「林豐喜坐監惜別會」。在千餘人車隊送行至臺中監獄大門口，始入獄服刑。

後語

這本書能夠順利完成，要感謝很多人。

最先要感謝的人，是我年輕時代在黨外雜誌工作的前老闆吳祥輝。沒有「民進周刊」那幾年的歷練，沒有吳祥輝的信任與放任，我不可能走上筆耕這條路。沒有我珍藏 36 年、一百多本的「民進周刊」農運相關報導當參考資料，這本書不可能在我人生晚年完成。謝謝你，小子。（「拒絕聯考的小子」吳祥輝，我們都叫他「小子」）

再者，由於當年各地區農運重要幹部，有很多已離世或年邁不復記憶、亦或遍尋不著，很多人事無從查訪或印證、或無從得知更多的細節。本書許多內容，其材料係參考下列資料裡面，有關農運的報導：

「民進周刊」、「臺灣新文化」、「重現臺灣史」、「人間」、「客家風雲」、「南方雜誌」、「綠色年代」、「新新聞周刊」、「時報新聞周刊」、「1987-1988臺灣農民運動口述歷史計畫」（計畫主持人徐文路，國家人權博物館出版）、林麗雲主訪、陳瑩恩整理「從八〇年代基層社運至今的左翼求索」裡頭，林正慧、陳信行的採訪。林正慧與陳信行賢伉儷正是當年陳秀賢、黃志翔、蔡建仁主持的社運工作室的第一代工作者。農民運動歷次抗議行動的文宣，除了農盟文宣部長黃志翔，也有林正慧、陳信行努力的足跡。如今兩位皆已是學有專精的學者。黃志翔更是知名的編導。農運時代年輕的黃志翔，是連常常被抗議的農委會主委都讚賞的人。

另外要提的是來自屏東內埔、在他還是學生時代，因為我的緣故，引進他去到「民進周刊」實習、寫稿，最後走上記者職業之路的李梅金。他當年在「民進周刊」、「臺灣新文化」有關學生與農運及新竹縣農權會等農運的相關報導，讓本書在撰寫相關的文章時，得到很大的幫助。也感謝「重現臺灣史」第五期「5.20」事件裡，關於 5.20 事件、林國華、林豐喜採訪稿的整理者鄭順聰的報導與整理，還有曾與我是短暫的「民進周刊」老同事、我非常敬佩、始終將她掛在心裡、多年不見的老朋友，「重現臺灣史」總編輯黃怡。黃怡早已著作等身，是我心目中第一認真讀書的黨外雜誌工作者。鄭順聰已是得過無數文學獎項、致力於創作臺語文學及臺語文化的傳承。

特別要感謝農運健將的諸位：林豐喜、劉南燦、王昌敏、胡壽鐘、許清復、許能通、吳振寰、詹朝立（詩人詹澈）、李江海、林慧如、鄭朝正、張邦彥、陳來助、曾秋梅、馮清春老師的公子馮少琦、黃興東的弟弟黃治東。黨外雜誌時期，每到

屏東採訪給我很多指導與幫助的老牌記者里港人陳瑞慶。我跟他約過許多有關臺灣農業、農運的稿子，他是我心目中，全臺飽學第一的地方記者。謝謝你們接受採訪、協助與指導。還有謝謝參與農運的學生嘉義縣長翁章梁、臺南市長黃偉哲兩位接受採訪，重話當年。高醫的周家齊，畢業後 1993 年曾經來臺中縣參選國大代表，在林豐喜盡全力及我的文宣攻勢下，高票當選國大代表。比陳柏惟還早 30 年攻下黨外沙漠中的沙漠臺中海線。不過，當時顏家的開山祖冬瓜標顏清標，還只是沙鹿鎮埔子里里長。

　　最後要感謝本書的編輯周俊男、莊詠淳兩位的專業、耐心與協助。讓我沒有覺得那麼孤單。感謝邱萬興、曾文邦、江冠明三位的協助，他們也是我「民進周刊」時代的街頭老戰友。邱萬興「小邱」，攝影、美編、文字十項全能，曾文邦「阿邦」，他拍的照片，我一眼就能認出來，最會整合人才的人。江冠明街頭孤獨奮戰不懈的攝影與影片的紀錄，後來流浪到臺東，成就另一番料理職人及寫作出書的事業。還有嘉義採訪時稻草人基金會的董事許靖旻、林保洍、殷格惇等，謝謝諸位的幫忙。

　　這本書的前言及結語，是黃仁志撰稿，謝謝仁志老師。謝謝黃裕順導演團隊陪我南來北往進行口述歷史採訪。

　　我要向我在天上的老爸、阿母說聲抱歉！每年橙黃橘綠的農曆十月，是我老爸、阿母的忌日，我總是會返回臺北士林老家，獻上幾柱清香，再到爸媽的長眠之地石門金華山探望，跟他們說些心裡話。今年，因為趕稿缺席了。對不起！老爸、阿母。

　　今年，開始動念應該整理農運資料的一個夏日清晨，我清清楚楚的被陳秀賢一聲「阿喜啊！」的呼喚聲驚醒，陳秀賢總是這樣叫著林豐喜。2009 年辭世的陳秀賢，悠悠生死殊途 14 年，第一次魂魄來入夢。人稱現代俠客的陳秀賢，他是來提醒我：

　　留下農民運動的足跡，是我來人世間走一遭的任務之一。

　　謝謝有緣諸位大德的協力！

林純美

2023.11.17
入冬第一道寒流來襲的晚上

國家圖書館出版品預行編目(CIP)資料

農的N次方‧第一冊：解嚴後1987.88年臺灣農民運動／
林純美、黃仁志著. -- 初版. -- 臺中市：財團法人稻草人
基金會，民112.12
　　面；　公分
ISBN 978-626-98146-0-2(平裝)

1.CST：農民運動　2.CST：臺灣史

　733.2867　　　　　　　　　112021183

農的N次方【第一冊】
解嚴後1987‧88年臺灣農民運動

作　　　者｜林純美、黃仁志

發 行 人｜林豐喜
主　　　編｜周俊男
編輯策劃｜曾文邦
美術設計｜為你設想概念有限公司‧阿努米
顧　　　問｜邱萬興
執行編輯｜莊詠淳
印　　　刷｜映鈞彩色印刷有限公司

指導單位｜農業部 客家委員會
發行單位｜財團法人稻草人基金會
地　　　址｜臺中市豐原區東陽路豪傑二巷 38 號 1 樓
電　　　話｜04-25252059

ISBN：978-626-98146-0-2
出版年月：112 年 12 月 8 日
定　　價：新臺幣 450 元